예수님의 천국 초대장

예수님의 천국 초대장

천하보다 귀한 당신의 행복한 노년을 위하여

김재욱 지음

INVITATION

하온

목차

머리말 천하보다 귀한 어르신들께 드리는 영원한 생명으로의 초대   8

[1부] 종교와 신에 대해 돌아보기

신이 정말 있을까요? 있다면 누가 진짜 신일까요?   18

자기나 믿지, 왜 자꾸 믿으래?   20
신이 여럿일 수 있을까요?   22
미신의 목적은 오로지 돈뿐   26
기독교의 바탕이 되는 성경의 큰 줄거리   30
안 믿는 것도 믿음이다?   34
기독교… 미워도 다시 한 번   38
"나랑 내기를 합시다"   42
모든 인생을 떨게 하는 '죽음의 위력'   46
죽음은 추상적인 것이 아니라 실제상황   50
죽음이라는 인생의 숙제 끝내기   54

평소 궁금했던 이야기 - 1

세상은 정말 창조되었을까?   58
'창조'에는 '심판'이 따른다?   64

[2부]
기독교란 어떤 종교일까요?

인간의 영혼을 구원할 수 있는
유일무이한 길   68

모든 인생의 공통된 질문   70
모두가 예외 없이 죄인인 이유   74
선행으로는 구원받을 수 없어요   78
하나님은 사람을 지옥에 보내시는 분?   84
피를 대가로 지불하신 예수님   88
하나님이 사람이 되신 이유   92
예수님의 부활과 성도의 부활   96
죄의 색깔과 그것을 덮는 원리   98
하나님과의 인격적인 만남이 필요   102

평소 궁금했던 이야기- 2

하나님이 있다면 왜 악인들이 멀쩡한가?   106
교회 안에 나쁜 사람이 왜 그리 많아?   110

[3부] 왜 성경이 하나님의 말씀일까요?

**성경을 제대로 알고 나면
안 믿을 수 없어요**   116

    예수님은 '신화'가 아니라 '역사'   118
    보고 들은 것보다 정확한 성경 기록   122
    어떻게 성경을 믿을 수 있지?   126
    오래전 예언 그대로 오신 예수님   128
    참 좋은 덕목과 지혜를 가르치는 성경   134

평소 궁금했던 이야기 - 3

    인간은 창조물이라면서, 자유의지는 또 뭐야?   140
    하나님은 왜 마귀를 만드셨을까?   144

[4부] 구원의 실전 단계

그러면 어떻게 해야 구원을 받을 수 있을까요?   152

진심으로 하나님을 존중하면   154
'지성이면 감천'과는 다른 기독교   156
진심으로 구원받고 싶다면…   160
믿음에 동반되어야 할 '회개'   164
믿음을 고백하는 기도   168
믿음, 그다음 단계   172
예수님을 믿으면 무엇이 좋을까요?   176

평소 궁금했던 이야기 - 4

믿으면 되지, 교회를 꼭 다녀야 하나?   180

마치는 글 어서 돌아오십시오! 애타게 찾으시는 주님의 품으로…   184

머리말

천하보다 귀한 어르신들께 드리는
영원한 생명으로의 초대

혹시 어린 시절, 친구의 손에 이끌려 간식을 먹으러 교회에 가 보셨나요?

학창시절에 문학의 밤을 구경하러 교회의 초청장을 들고 예배당을 찾으신 적이 있나요?

눈 오는 겨울밤, 마을의 작은 교회에서 울리는 성탄절 종소리를 들어보셨나요?

교회에 다니는 지인으로부터 어떤 초청이나 전도지나 권유를 받아본 적 있나요?

그 작은 인연과 계기들이 하나님의 초대일 수 있습니다.

한 번도 교회나 기독교를 경험해본 적이 없는 분은 바로 지금이 하나님의 초대라고 생각해 주십시오.

　어르신들 안녕하세요? 정말 반갑습니다. 이렇게 지면으로 여러분과 만나 뵙게 되어 기쁘고 감사합니다. 저는 50대의 평범한 가장이며 작가입니다. 아내와 이십 대의 딸과 아들, 팔순의 어머니가 계시고, 비슷한 연배의 장인 장모님도 계십니다. 이 책은 여러분의 아들이나 조카가 하는 이야기로 생각하시고 편안하게 읽으시면 되겠습니다.

　부디 제가 드리는 간곡한 말씀을 읽고 귀 기울여 주시기를 바랍니다. 무작정 믿지 않아도 되고, 의문을 품으셔도 괜찮습니다. 하지만 이치에 맞는 말인지 찬찬히 생각하면서 보시기 바랍니다. 그리고 마음의 문은 활짝 열어주세요. 조금 복잡하다 생각되시면 건너뛰더라도 계속 읽어보시면 좋겠습니다.

이 책을 읽으시는 어르신들의 삶은 참으로 고단하고 분주했을 것입니다. 멀리는 한국전쟁과 일제강점기까지 겪으셨고, 나라의 재건과 정치적 소용돌이, 기술의 발전을 겪으며 살아오느라 참 고생이 많으셨을 것입니다. 세상이 너무 시시각각 변해 적응도 힘드셨을 것입니다.

우리나라가 이만큼 발전하고 세계적인 나라로 우뚝 서게 된 것은 어떤 정치인이나 기업가보다도 산업의 역군으로 국내와 해외에서 몸이 부서져라 일하신 아버지들의 덕분입니다. 또한 자신의 모든 것을 바쳐 오로지 자식 하나 잘되기를 바라는 마음으로 희생하신 어머니들 덕분이지요. 정말 아낌없이 주는 나무 같은 이 땅의 어르신들께 깊은 존경과 감사를 보냅니다.

그런데 그토록 나를 돌보지 않고 분주하게 앞만 보고 살다 보니 어느

새 백발이 되어 세상의 주인공들에게 자리를 내준 채 쉼을 누린다기보다는 때로 밀려난다는 느낌으로 허탈한 나날을 맞는 분들도 계시리라 믿습니다. 저는 50대 중반인데도 그런 느낌을 알 것 같아서 어르신들의 심경도 조금은 헤아린다고 하겠습니다.

살아갈수록 인생은 무상하고 존재의 의미를 잃어 가는데, 앞선 세대들이 그랬던 것처럼 어느새 이 땅을 떠나 새로운 무언가로 향해 나아갈 준비를 우리 모두가 해야 할 것입니다. 그러려면 죽음 이후의 세상은 과연 있는지, 수많은 종교와 철학과 이론들 사이에서 누가 가장 진실을 말하고 있는지 살펴보아야 하지 않을까요?

아무리 많은 것을 얻고 행복하게 산다 해도 자기 목숨을 잃으면 무슨 소용이겠습니까?

> 사람이 만일 온 세상을 얻고도 자기 혼을 잃으면 그에게 무슨 유익이 있느냐? 혹은 사람이 무엇을 주어 자기 혼을 대신하게 하겠느냐? (마태복음 16:26)

그래서 성경은 이처럼 한 영혼을 천하보다 귀하다고 말씀합니다. 목자가 양 하나를 잃으면 산골짜기를 헤매서라도 그 한 마리를 찾듯이, 하나님은 여러분의 생명을 애타게 찾고 계십니다. 정말 생명을 얻을 수 있는 길을 찾으시기 바랍니다.

내가 믿는 것이 답은 아닙니다. 내가 답이길 원하는 것이 답일 수 없습니다. 정답을 찾아야 비로소 정답이 됩니다. 어르신들 중에는 여러 이유로 기독교에 대해 반감과 거부감을 지니신 분도 계시겠지요. 하지만 부족한 기독교인들만 있는 것은 아니라는 것을, 그리고 교회에 다닌다는 사람들을 다 빼고 생각하면 하나님과 예수님은 참되고 선하신 분임을 아시리라 믿습니다. 세월이 더해진 만큼 지혜와 생각은 더 깊어진다고 생각합니다. 어르신들의 경험과 귀한 삶의 지혜로 잘 분별하고 판단하시기를 바랍니다.

저는 부족한 기독교인이지만 저와 같은 크리스천들이 믿고 있는 하나님과 예수님과 성경에 나타난 믿음에 대해 말씀드리려고 합니다. 왜 우리는 천국과 지옥의 존재를 믿고, 오직 예수님만이 지옥을 피하게 하는 유일한 길이라고 굳게 믿고 있을까요? 왜 오랜 세월 동안 예수님을 위해 목숨을 바친 많은 이들이 존재할까요?

예수님만이 우리를 살리시고 하나님 앞으로, 천국으로 인도할 수 있는 유일한 길입니다. 믿어지지 않더라도 일생에 단 한 번의 기회라 여기시고 마음을 열고 귀를 기울여 보시길 바랍니다. 하나님이 여러분의 마음에 찾아가 위로와 소망과 사랑을 전하실 수 있도록 기도하는 마음으로 천천히 읽어보시기를 바랍니다.

삶과 죽음의 문제, 한 번은 꼭 돌아보셔야 합니다. 지금 이 순간이 바로 그때입니다.

글을 쓰는 저로서는 복음의 원리를 어떻게 설명할지 고민이 참 많았습니다. 어르신들은 은퇴한 지식층부터 글을 읽는 것 자체가 익숙하지 않은 분들까지 다양한 계층이 있고, 개인적 경험도 다 다르기 때문입니다. 또한 기독교를 잘 아시는 분부터 전혀 경험해보지 못한 분들까지 계시기 때문에 어느 정도의 설명이 적당할지 오랜 시간 조율하고 출판사와 논의했습니다.

  비록 모든 분들의 눈높이에 맞지는 않겠지만 찬찬히 읽어보시면 충분히 이해가 가능하리라고 봅니다. 독서에 어려움이 있는 어르신들께는 자녀들이나 주변에서 읽어 드리는 등 도움을 주시고, 오디오북 등을 활용하시면 좋겠습니다.

  부디 하나님이 여러분의 마음에 찾아가 위로와 소망과 사랑을 전하실 수 있도록 기도하는 마음으로 천천히 읽어보시기를 바랍니다. 삶과 죽음의 문제… 한 번은 꼭 돌아보셔야 합니다. 지금 이 순간이 바로 그때입니다.

2021년 봄 _ 김재욱 올림

[1부]

종교와 신에 대해
돌아보기

신이 정말 있을까요?
있다면 누가 진짜 신일까요?

죽으면 다 끝이라는 사람도 있지.
하지만 왠지 사후에도 어떤 세상이 있을 것 같긴 해.
저마다 자기네 종교가 진짜라고 하고
무언가 믿으며 살아가지만
진짜 신이나 사후세계가 있기는 할까?
나이가 들수록 죽음은 두려운 일이야.
이 인생의 숙제를 해결하고 두 다리 쭉 뻗고 잘 수 있을까?
그런 길이 있다면 꼭 찾고 싶은데
기독교가 그런 답을 줄 수 있다고?

자기나 믿지,
왜 자꾸 믿으래?

아마도 어르신들 주변에는 자녀나 친척이나 친구들 중에 예수님을 믿고 교회에 다니는 크리스천들이 있을 것입니다. 그분들로부터 같이 교회에 가자는 이야기나 함께 신앙생활 하자는 권유를 받아 보셨으리라 생각합니다. 그럴 때 조금이나마 고민을 해보신 분들도 있을 것이고, 오래전 어릴 때나 학창시절에 교회에 다녀보신 분들도 있으리라 생각합니다. 또 거리에서도 전도를 받아 보셨을 겁니다.

반면에 아예 교회와 교인들을 싫어해서 생각조차 안 하신 분들도 있을 것입니다. 더러는 교회들의 부정적인 모습에 '예수' 소리만 나와도 언짢은 분들 역시 계시리라 생각합니다.

"자기나 열심히 믿지, 왜 자꾸 나한테 예수 믿으라 그래… 성가시게."

하지만 혼자 열심히 다니면서도 전도 한 번 하지 않는 사람들을 보면서 그런 생각은 안 해보셨나요?

"진짜 하나님이 살아 있고, 천국과 지옥이 있어서 안 믿으면 지옥 간다면서, 그걸 진짜 믿는다면서 어떻게 나한테 같이 믿고 천국 가자는 말을 안 할 수가 있어?"

이런 생각 말입니다. 어느 마트에 가니 세일을 해서 뭐가 싸다더라 하는 사소한 정보까지도 알려주고 싶은 게 가족이고 이웃인데, 그 좋은 천국을 자기만 가겠다고 한다면 앞뒤가 맞지 않는 것 아닐까요?

그러니까 자꾸 교회 다니시라고 하는 아들딸이나 친구들의 말을 귀찮게만 생각하지는 마세요. 다 나를 걱정해서, 나를 위해 저러는구나 생각하시면 됩니다. 교회 다니는 사람들이 기를 쓰고 전도하면서 길거리에서 물티슈 나눠주고 하는 것도 다 이유가 있는 것입니다. 교회 와서 헌금 내라고 그러는 것은 아니라는 말씀입니다.

신이 여럿일 수 있을까요?

저 사람들이 하는 이야기가 진짜일까? 하나님이 진짜 있나? 왜 저렇게 열심히 믿을까? 그런 생각이 들었을 것입니다. 세상에는 종교도 많고 신들도 많은데 어떻게 자기네 종교만 진짜 신이라고 할 수 있나 싶었을 수도 있겠지요. 어릴 때 제 할아버지는 종교도 국산(?)을 믿으라고 하셨죠.

"아, 조선놈이 왜 서양 귀신을 믿어?!!"

하지만 가만히 생각해 보시면, 신이 여럿일 수 있을까요? 아마 여럿이라면 그중 하나가 가장 으뜸이 되지 않을까요? 그리고 진짜 신이 있다면 다른 신이 자기가 진짜 신이라고 행세하는 것을 그냥 두고만 볼까요? 아마 그렇지는 않을 것입니다.

횟집이 모인 바닷가나 족발, 갈매기살 등 특정한 음식이 모여 있는 먹자골목에 가보면 서로 맛집이고, 우리가 원조라고 주장합니다. 한 식당 간판에 '원조'라고 돼 있는데, 옆 가게를 보면 '진짜 원조', 어떤 집은 '40년 전통의 원조집'이라고 되어 있습니다. 누군가 시작한 사람이 있을 텐데 어떻게 그 식당들이 다 정말 원조일 수 있을까요?

신당동 떡볶이 거리는 다르다고 합니다. 왜냐하면 마복림 할머니가 신당동 즉석 떡볶이를 개발한 그야말로 진짜 원조이기 때문이죠. 예전에 고추장 만드는 비법은 "며느리도 몰라" 하던 광고로 유명한 분입니다. 그분이 시작한 덕분에 떡볶이 거리가 생겼기 때문에 마복림 할머니 외에는 아무도 감히 '원조'라는 표현을 쓸 수 없는 것입니다.

기독교의 하나님은 유일신이라고도 하지만 정확한 표현은 아닙니다. 하나님은 한 분인 것이 아니라 세 분이 '한 하나님'이 되시는데요. 아버지 하나님과 아들 하나님, 그리고 하나님의 영인 성령 하나님이 삼위일체의 하나님이 되십니다. 세 분은 각기 다른 인격체로 동격이며 각자 하시는 일이 다를 뿐입니다. 마치 가족 구성원이 여럿이고 각자 역할이 있지만 모여서 '한 가족'이 되는 것과 마찬가지입니다. $1 + 1 + 1$은 3이지만 $1 \times 1 \times 1$은 1입니다.

"하느님, 맙소사!" 이런 말도 있죠. 일반적인 '하늘 + 님'이 '하느님'입니다. 기독교의 하나님은 '하나 + 님'입니다. 유일하신 참 하늘님이라는 뜻인데 우리나라 초창기 선교사와 기독교 지도자들이 정한 단어입니다. 천주교에서는 '하느님'을 사용하고 있지요.

이처럼 신들 중에도 원조, 즉 진짜 신은 한 분뿐입니다. 그래서 하나님은 다른 신을 용납하지 않으십니다. 옛날 이스라엘 유대인들에게 주신 십계명의 첫째 명령도 이것입니다.

너는 내 앞에 다른 신들을 두지 말라(출애굽기 20장 3절).

다른 신이 있다는 뜻이 아닙니다. 신이 아닌 것들을 신으로 두지 말라는 말씀입니다. 기독교에는 잡다한 신이 없습니다. 하나님의 일을 수행하는 천사와 몇몇 영적 존재들이 있을 뿐입니다.[1]

기독교에서는 하나님을 아버지로 부릅니다. 그런데 아버지는 여럿일 수 없죠. 여러 사람이 와서 "내가 네 아버지다"라고 말한다면 어떨까요? 그중에 어떤 이가 내 아버지인지 모르는 사람도 한 가지는 알 수 있습니다. 한 사람을 빼고는 다 거짓말을 하고 있다는 것을 말이죠. 나를 태어나게 한 아버지는 여러 명일 수 없습니다. 그러니까 진짜인 한

---

[1] 마귀는 타락한 영적 존재이고, 그를 따라간 천사들이 마귀의 졸개로 부정한 영들입니다. 그밖에 그리스신화에 나오는 것 같은 신들이나 불교와 힌두교의 많은 신들도 기독교는 인정하지 않습니다. 이슬람교의 알라신도 무함마드가 둔갑시킨 우상이며 성경의 하나님과는 전혀 다른 존재입니다.

사람만 찾으면 됩니다. 나는 미국 사람만 좋으니까 미국인이 아버지가 아니고, 나는 키 큰 사람이 좋으니까 키 큰 남자가 아버지가 되는 게 아닙니다. 이미 내 아버지는 정해져 있습니다.

 어떻게 모든 종교가 다 진짜일 수 있을까요? 교회보다 절이 좋으면 불교의 신이 진짜가 되고, 나는 한국 사람이니 토속종교가 맞는 것입니까? 김 아무개는 불교를 믿으니 환생했다가 극락 가고, 박 아무개는 이슬람교를 믿으니 그들의 천국으로 가고, 기독교인인 최 아무개는 천국으로 간다는 것은 모순이죠. 그럴 수는 없겠지요. 정답은 정해져 있고, 신은 하나일 수밖에 없으니 한 가지 종교, 하나의 신만 잘 찾으면 됩니다.

미신의 목적은
오로지 돈뿐

예전에는 장례를 5일씩 치르고, 베옷을 입고 머리에도 썼지요. 유교 전통을 중시하는 분들은 돌아가신 부모님 산소 앞에 움막을 짓고 3년상을 치르기도 했습니다. 그 앞에서 매일 절하고 거기서 사는 것입니다. 저희 어머니 친척 중에도 그런 분이 있었다고 하는데요. 매일 선친에게 절하는 자리에는 풀도 자라지 않을 정도였다고 합니다. 가장이 3년씩 그러고 있으니 집안이 제대로 돌아갔을 리 없습니다. 그게 죽은 아버지의 뜻일 리도 없고요.

그러다가 1970년대에 가정의례준칙이라는 것이 만들어져 허례허식을 많이 없앴습니다. 장례는 3일만 치르고, 복장도 간소화했습니다. 처음엔 지방을 중심으로 반발도 컸지만 곧 모두가 받아들였습니다. 그렇게 한 뒤로 불필요한 허례허식과 시간낭비를 줄인 우리나라는 오늘날까지 꾸준히 발전해 이제 세계 10위권의 선진국이 되었습니다. 만일 조상신들이 진짜 있었다면 크게 노하여 저주를 내려야 하는 것 아닐까요?

종종 운명을 맞히는 점쟁이도 있다지만 다 맞힐 수 없습니다. 대통령 선거 때 점을 보는 후보들도 있는데, 정말 미래를 안다면 왜 모두가 같은 사람을 지목하지 않을까요? 조상 묫자리를 명당으로 잡았다는 과거 대통령들의 마지막은 왜 불행할까요?

성경에도 그런 잡신을 통해 일하는 자들이 나옵니다. 사람을 현혹하는 신비한 현상을 기독교에서는 마귀의 졸개인 부정한 영의 소행으로 봅니다. 그들은 사람보다 능력이 뛰어난 영적 존재라서 조금은 아는 것이 있고 조작도 가능합니다. 하지만 극히 제한적인 신통력을 발휘할 뿐입니다. 또한 사주 명리학 등은 방대한 분량의 통계 학문이라서 맞는 분석이 더러 가능한 것입니다.

과거에 어떤 대통령이나 정치인들은 묫자리를 잘 써서 그 자리에 올라가려 했지요. 마치 영화에 나오는 것처럼 관상을 보고, "내가 왕이 될 상인가?" 하고 묻는 것처럼 말입니다. 하지만 그 대통령들이 얼마나 성공했습니까? 본인들은 억울할 수 있지만 대부분 비명횡사하거나 법의 심판을 받아 투옥되고 명예를 잃었습니다. 무속적인 잡신들은 존재하지도 않을 뿐더러 그 능력이 제한적이며, 모두 돈을 위해 영업을 하는 것입니다. 돈을 안 주는데도 점을 봐 주거나 굿을 해주는 일은 거의 없습니다.

우리나라의 시조를 섬기는 단군교가 있습니다. 단군은 환인의 아들 환웅인데요. 단군교의 교주였던 분은 수십 년 전에 목사가 되었습니다. 그분은 단군은 참된 신이 아니라고 말합니다. 세상의 모든 종교와 신을 숭배하는 행위는 하나부터 열까지 모두 돈을 목표로 한다는 것입니다. 그분은 아무리 탐구하고 도를 닦아도 발견되는 것이 없어서 기독교를 연구하다가 진리를 발견하고 목사가 되었습니다.

불교 승려였다가 목사가 된 분도 종종 있습니다. 조계종 종정으로 "산은 산이요, 물은 물이로다"라는 선문답으로 유명한 성철 스님도 죽을 때는 이상한 말을 남겼습니다.

> 석가는 원래 큰 도적이요 달마는 작은 도적이다
> 西天(서천)에 속이고 東土(동토)에 기만하였네
> 도적이여 도적이여!
> 저 한없이 어리석은 남여를 속이고
> 눈을 뜨고 당당하게 지옥으로 들어가네

불교에서는 어떻게 해석하는지 몰라도 석가와 달마도 지옥으로 들어간다면 평생을 따른 불교 신도들은 어떻게 된다는 것일까요? 기독교에는 알쏭달쏭한 선문답이 없습니다. 다른 길은 용납하지 않지만 찾고자 하는 이에게는 확실한 길을 제시합니다.

예수님께서 그에게 이르시되, 내가 곧 길이요 진리요 생명이니 나를 통하지 않고는 아무도 아버지께 오지 못하느니라(요한복음 14장 6절).

이렇게 말씀해 주시는 예수님이 훨씬 믿음직하고 안심되지 않으십니까?

기독교의 바탕이 되는
성경의 큰 줄거리

　성경의 단편적인 내용들을 아는 분도 많을 것이고, 교회를 다녀보신 분들도 많을 테지만 성경의 전체 줄거리를 알아둘 필요가 있습니다. 성경은 어르신들의 삶과 동떨어진 이야기가 아닙니다. 성경은 결국 하나님의 사랑이 주제이며, 여러분의 길고 고단했던 여정을 다 알고 위로하시며, 희망을 주고자 하시는 하나님의 마음이 표현된 책입니다. 그래서 '복음'은 복된 소식입니다. 그러면 이제 성경이 말씀하는 이 세상과 우리의 인생과 예수님의 복음에 대해 알아볼까요?

　하나님이 세상 모든 것과 인간을 창조하셨고, 인간은 하나님이 주신 에덴동산에서 살게 됐습니다. 하나님이 최초의 인간인 아담과 하와에게 한 가지 금지하신 것이 있었는데 동산 중앙에 있는 선악을 알게 하는 나무의 열매, 즉 선악과를 먹는 것이었습니다.

> 주 하나님께서 남자에게 명령하여 이르시되, 동산의 모든 나무에서 나는 것은 네가 마음대로 먹어도 되나 선악을 알게 하는 나무에서 나는 것은 먹지 말라. 그 나무에서 나는 것을 먹는 날에 네가 반드시 죽으리라, 하시니라(창세기 2장 16-17절).

그런데 간교한 뱀은 하와를 유혹하면서, 너희가 그것을 먹는 날에 너희 눈이 열리고 너희가 신들과 같이 될 것이라고 속입니다. 하와가 뱀의 유혹에 넘어가 아담과 함께 선악과를 먹게 되면서 죄가 세상에 들어오고 말았습니다. 과일 하나 따 먹은 죄가 아니라 거역과 불순종의 문제였습니다. 이 일로 인해 인간은 하나님과 함께 살 수 없었습니다. 하나님은 죄를 극도로 싫어하시기 때문입니다.

죄의 결과, 하나님의 말씀대로 인간은 모두 죽음을 마주하게 되었습니다. 더불어 남자는 일을 해야 먹고 살 수 있는 고단한 삶을, 여자는 고통스러운 출산의 과정을 벌로 받게 되었지요.

인간은 하나님의 형벌로 동산에서 쫓겨나 고난의 삶을 살게 되었습니다. 이후로 아담으로부터 난 자는 죄를 짓지 않을 수 없는 신세가 되어 육신적으로 죽고, 그 뒤에는 지옥의 형벌을 피할 수 없게 된 것입니다.

그러나 사랑의 하나님은 더욱 더 좋은 것을 섭리로 예비하셨습니다. 인간들을 위해 구원자를 약속하신 것입니다. 정하신 때에 아버지 하나님의 외아들인 예수 그리스도를 인간의 몸으로 이 땅에 보내 죄를 없애는 희생제물이 되게 하심으로, 누구든지 그를 믿기만 하면 영원한 제사를 드리게 되어 과거, 현재, 미래의 죄를 용서받고 의롭다 칭하심을 얻습니다. 그리고 하나님의 자녀가 되는 권세를 누리며 죽어서는 값없이 천국에서의 영원한 생명을 선물로 받게 됩니다.

이것이 인간의 상태이며, 복음을 듣고 구원받아야 할 이유입니다. 이제부터 왜 그런지 차근차근 설명합니다. 교회와 복음에 대해 한 번쯤 들어보셨더라도 처음부터 마음을 다 비운다 생각하시면 좋겠습니다. 그리고 이 이야기들이 과연 맞는 말인지, 들을 가치가 있는지 잘 판단해 보시기 바랍니다. 하나님의 복과 은혜가 이 글을 읽으시는 어르신들과 함께하기를 간절히 기도합니다.

안 믿는 것도
믿음이다?

　복음을 말하고, 교회와 신앙을 말하면 "에이, 부처고 예수고 간에 나는 아무것도 안 믿어." 하시는 분도 많을 텐데요. 사실 사람은 무언가 믿지 않고는 살 수 없는 존재입니다. 만나 보지도 않은 어떤 정치인이나 연예인이 좋은 사람일 거라 믿고 따르며 지지하는 것도 하나의 믿음이죠. 신이 없다고 생각하는 것도 '믿음'입니다. 죽으면 끝이라고 생각하는 것도 믿음입니다. 이렇게 사람은 틀린 것도 믿고 맞는 것도 믿으면서 살아갑니다. 그렇게 믿지 않으면 불안해서 견딜 수 없을 것입니다.

　이 버스를 타면 나를 목적지에 데려다준다는 믿음이 있어야 타는 것이죠. 이 다리가 무너지지 않을 것을 믿기에 건너는 것입니다. 버스 사고가 날 수도 있고 다리가 무너질 수도 있겠지만, 그래도 어느 정도 판단이 가능합니다. 그런데 종교는 다릅니다. 인간이 종교를 잘 판단하기는 참 어렵습니다. 어떤 사실을 알고자 할 때 우리를 방해하는 것들이 참 많기 때문입니다.

만일 도시에서 살아온 사람이 시장에서 고춧가루를 산다고 가정해 봅니다. 그 상품은 정말 진짜 국산이고 최고급품이지만 믿어지지가 않습니다. 왜일까요?

"어제 뉴스를 보니까 중국산을 국산 고춧가루로 둔갑시킨 일당이 잡혔대."

"고춧가루를 파는 사람의 말투와 인상이 영 신뢰가 안 가네."

"이웃집 친구가 요즘 가짜 고춧가루를 조심해야 한다고 했어."

"국산이라는데 사 가는 사람이 많지 않네."

진짜 고춧가루를 안다면 빛깔과 냄새와 상태를 면밀히 볼 테지만 이 사람은 다 어디서 본 것과 들은 이야기, 막연한 느낌과 기분으로 판단하고 있습니다. 그야말로 '장님 코끼리 만지기' 같은 것이죠. 다리를 만진 사람은 기둥이라 하고, 코를 만진 사람은 호스라 하며, 귀를 만진 사람은 펄럭이는 가죽이라 할 것입니다.

사람들이 종교를 판단하고 선택하는 과정이 이와 비슷합니다. 마치 누가 어떤 제품이 좋다고 하면 덩달아 사는 것처럼 대수롭지 않게 생각합니다. 하지만 실제로 천국과 지옥이 진짜 있다면 이 문제는 어디서 들은 이야기로 대충 판단할 문제가 아닙니다. 다 안다고 생각하지 말고, 나는 합리적으로 판단했다고 생각하지 말고 진짜 정답을 찾아야 합니다. 사람의 생명은 국산 고춧가루를 고르는 것보다 얼마나 더 중요한 일이겠습니까?

기독교…
미워도 다시 한 번

무속 종교만이 아니라 기독교에도 돈을 좋아하는 종교인들은 많습니다. 비난받아 마땅한 민망한 사건들도 종종 일어납니다. 물론 성경의 가르침은 정반대입니다. 돈을 사랑함이 모든 악의 근원이라고 했고, 재물의 신인 돈과 하나님을 둘 다 주인으로 섬길 수 없다고도 했습니다.

교회가 헌금만 밝힌다고 욕하는 이들이 많지만, 자본주의 사회에서 돈 없이 할 수 있는 일이란 거의 없습니다. 헌금을 가지고 지극한 정성과 관심으로 이웃을 돌보는 교회가 아직 많습니다. 모든 종교 중 사회에 월등히 많은 선행과 구제를 하는 곳도 교회입니다.

해외로 나간 선교사들 중에는 모든 것을 바쳐 헌신하는 분들도 많습니다. 그런 일로 무슨 이득을 얼마나 얻겠습니까? 다만 지옥에 갈 위기에 처한 사람을 구하면 그 자체가 보람이고 기쁨이며, 나중에 하나님이 약속하신 상을 얻기 때문입니다.

기독교를 '개독'이라 하고, 목사가 돈만 밝힌다며 '먹사'라 하며, 교회를 돈만 벌어들이는 '㈜예수', 즉 '주식회사 예수'라고도 조롱하는 세상이지만 사회에서 가장 많은 봉사와 헌신을 하는 것은 개신교입니다. 생색을 내려는 것이 아니라 오해를 풀기 위해 하는 말입니다. 문제 많은 목회자나 교회도 많이 있지만 좋은 목회자와 좋은 교회도 많습니다. 통계적으로 보아도 불교나 천주교에 비해 월등히 많은 일을 해왔습니다.

미국 선교사들은 우리나라에 와서 학교와 병원을 세우고 고아들을 돌봤습니다. 교회들도 전국적으로 빈민 구제와 교육과 각종 봉사를 해왔습니다. 재난을 맞은 곳에는 늘 교회가 있었습니다. 한 예로 태안에서 삼성-허베이스피릿호 기름유출사고가 났을 때도 전국에서 120만 명가량의 봉사자들이 모여 기름을 닦아냈고, 불가능해 보였던 바다가 단기간에 다시 살아났는데, 봉사자들 중 압도적으로 많은 수가 개신교 교회와 단체들이었습니다.

교회들이 티가 덜 나는 이유는 우선 티가 나지 않기 때문입니다. 천주교나 불교나 원불교 등은 모두 특별한 복장들이 있어서 체계가 있어 보이고 무언가 권위가 있어 보이지만 개신교는 목사들도 보통의 옷을 입기 때문에 회사원인지 성직자인지 알 수가 없고, 성스러운 느낌도 없으며, 그다지 기억에 남지도 않습니다. 또한 교회라면 무작정 싫어하는 이들도 많기 때문에 언론에서 크게 주목하지 않지요.

예수님은 선행을 은밀하게 하라고 하셨습니다. 세상에서 칭찬을 다 받고 하나님의 영광까지 사람이 받으면 그런 선행도 이미 상을 받은 것이니 나중에 받을 것이 없다고 말씀하십니다.

> 오직 너는 구제할 때에 네 오른손이 하는 것을 네 왼손이 모르게 하여 너의 구제하는 일이 은밀한 가운데 이루어지게 하라. 그리하면 은밀한 가운데 보시는 네 아버지께서 친히 네게 드러나게 갚아 주시리라(마태복음 6장 3~4절).

원래 선행은 조용히 해야 도움을 받는 분들의 마음까지 헤아리는 것이죠. 겨울에 연탄 좀 지원하고 구청장이랑 기념사진을 남겨야 한다면 그건 도움을 받는 게 아니라 일종의 이용을 당하는 것입니다. 얼굴 다 팔면서 방송에 나가야 얼마간의 지원을 받는다면 그 역시 자존심을 지켜주지 못하는 것입니다.

> 또 누구든지 제자의 이름으로 이 작은 자들 중 하나에게 찬 물 한 잔이라도 주어 마시게 하면 진실로 내가 너희에게 이르노니, 그가 결코 자기 보상을 잃지 아니하리라, 하시니라(마태복음 10장 42절).

어떻습니까? 예수님을 막연히 싫어하는 분들이 많지만, 하나님의 아들다운 따스한 마음씨와 공평한 처사가 아닌지요. 세상에는 강한 자에게 머리를 조아리고 약한 자에게 갑질하는 사람이 많지만, 예수님은 스스로가 신이면서도 저런 겸손함을 지니신 분입니다. 기독교가 잘못하는 것이 많아도 그것은 사람의 부족함 때문이라는 것을 기억하십시오. 그리고 너무 부정적인 눈으로만 보지 마시고 마음의 문을 열어 보시기를 바랍니다.

"나랑 내기를 합시다"

종교를 갖고 계신가요? 신을 믿지 않아도 어떤 종교에 호감을 가진 분도 계실 겁니다. 고요한 사찰의 분위기가 좋아서 불교를 좋게 보실 수도 있고, 민족 정서를 앞세워 천도교나 원불교 등을 좋아하실 수도 있습니다. 천주교의 복장이나 거룩한 느낌이 좋아 보일 수도 있겠죠.

하지만 진짜 중요한 것은 무엇을 믿는가가 아니라 정답을 찾는 것입니다. 시험 문제를 풀 때도, 1번이 정답인데 2번이 정답일 거라고 굳게 믿는다 해서 그게 답이 되지는 않지요. 좋고 싫고가 아니라 정답을 찾아야 하는 것입니다.

만일 내세가 있어서 진짜 천국이나 지옥에 가야 한다면 우리는 어떤 일보다 심사숙고해서 내가 누구를 믿고 따라야 천국에 갈 수 있는지 고민해봐야 합니다. 칼자루는 내가 쥔 것이 아니기 때문에 내 맘에 안 들어도 바로 그 존재를 붙잡아야 하는 것입니다.

파스칼이라는 철학자는 이런 말을 했습니다.

"나랑 내기를 합시다. 만일 하나님이 있다고 믿었는데 없으면 아무 일 없이 그냥 소멸될 것입니다. 하지만 하나님이 없다고 믿었는데 진짜 있다면 지옥에 갑니다."

이것이 '파스칼의 내기'입니다. 심판하시는 하나님이 있다고 믿었다가 없으면 본전이지만, 없다고 믿었다가 진짜 있으면 그 낭패의 정도가 너무나 심각하다는 것입니다. 칠흑같은 어둠속에서, 발 앞에 구덩이가 있다고 믿고 돌아서 갔다면 큰 피해를 보는 것은 아니지만, 없다고 믿고 발을 내디뎠는데 구덩이가 있으면 거기 빠지겠지요.

이 철학자는 하나님이 없을 수도 있다는 말을 하려는 게 아닙니다. 파스칼은 자신이 깨닫고 분명하게 믿는 하나님이 없다고 하는 사람들에게, 그 길은 너무나 위험한 길인데 제대로 알아보지도 않고 간단히 하나님을 부정하면서 없다고 믿어버리는 어리석음을 범하지 말라고 간곡하게 설득하는 것입니다.

사람은 매 순간 선택을 하면서 살아가지요. 점심엔 무엇을 먹을까,

짜장? 짬뽕? 이런 선택은 우리 삶에 큰 문제를 불러오지 않습니다. 살림을 장만할 때는 조금 더 고민해야겠죠. 오래전에 있었던 "순간의 선택이 10년을 좌우합니다"라는 전자제품 광고 문구도 기억하시죠? 그런데 집을 사려면 훨씬 오래 고민해야 합니다. 잘못 사면 10년 아니라 20년, 30년, 두고두고 후회하겠지요.

결혼을 할 때는 조금 더 깊은 고민이 필요합니다. 예전에 어르신들이 출연하는 〈좋은 세상 만들기〉라는 프로그램이 있었습니다. 오래 함께 산 부부들이 나와 스피드 퀴즈를 푸는데, 한 번은 정답이 '천생연분'이었습니다. 할아버지가 할머니에게 열심히 설명하면서, "우리 같은 사이를 뭐라고 하지?" 그러자 할머니가 1초도 망설이지 않고 말했습니다.

"정답… 웬수!"

할아버지가 "아니, 아니, 두 글자 아니고 네 글자!!" 그러자 할머니가 다시 외칩니다.

"평-생 웬수!!"

그렇습니다. 순간의 선택이 평생을 좌우하는 것이 결혼입니다. 그러면 그보다 더 중요한 결정은 무엇일까요? 그것은 바로 천국과 지옥이 존재하고, 둘 중 한 곳으로 가야 한다면 죽기 살기로 천국에 갈 방법을 찾아야 할 것입니다. 그곳에서 일생보다 훨씬 긴 영원의 시간을 보내야 하니까요.

모든 인생을 떨게 하는
'죽음의 위력'

　조금 무겁긴 하지만 우리 모두가 반드시 겪어야 하는 '죽음'에 대해서 생각해 볼까요? 죽음이 없다면 구원을 생각할 필요도 없는 것이니까요. 죽음은 두려운 일입니다. 이 땅에서 사라지고 잊히는 것도 두렵지만 죽는 과정이 고통스러울까, 남은 가족에게 피해를 주진 않을까 걱정이기도 합니다.

　실제로 죽음의 그날이 온다면 어떨까요? 어떤 일이 벌어질까요. 누가 우리를 맞이해 주거나 인도해 줄까요? 누가 나를 끝없는 어둠 속으로 끌고 가려 한다면 우리가 그것을 피할 힘이 있을까요? 정말 두려운 일입니다. 죽음이 두려운 건 기독교인도 마찬가지입니다.

　노예가 해방되기 전의 미국 땅에 한 노예가 있었습니다. 그 흑인 노예는 주인집 마당 한켠에 있는 작은 집에서 아내와 아들과 고단한 삶을 살고 있었지요. 그에게는 삶의 낙이 없었고, 매일이 괴로움뿐이었습니다. 그는 밤이 되면 집 뒤꼍에 나가 하나님께 기도를 올렸습니다.

"하나님, 저를 거두어 주소서! 이 고단하고 힘든 날들을 끝내고 싶습니다. 오늘밤 저의 영혼을 불러 주소서!!"

그렇게 매일 눈물로 기도를 드렸는데, 하루는 백인 주인이 마당을 거닐다가 기도 소리를 듣게 됐습니다. 자기 노예의 간절한 기도였습니다. 주인이 그 소리를 듣다가 주변을 살펴보니 빨랫줄에 널린 흰 천이 있었습니다. 그는 어둠 속에서 그 천을 걷어서 푹 뒤집어쓰고 노예의 뒤로 다가가 장엄한 목소리로 말했습니다.

"사랑하는 자여, 내가 네 기도를 들었도다!"

노예가 깜짝 놀라 돌아보자 어둠 속에서 허연 실루엣이 보였습니다.

"오, 하나님!"

노예가 머리를 조아렸습니다.

"이제 나와 함께 가자. 너의 고통을 끝낼 시간이니라~."

"오, 주여…"

그런데 노예는 자기도 모르게 일어나 뒷걸음질을 쳤습니다. 주인은 한 걸음 다가가며 팔을 뻗었습니다. 그러자 노예는 아예 돌아서서 달리기 시작했습니다. 달빛 아래 주인은 노예를 쫓아가고, 흑인 노예는 긴 팔다리로 전력질주를 하며 도망치는 것이었습니다. 이 광경을 보게 된 어린 아들이 울면서 말합니다.

"엄마아~ 하나님이 아빠 잡아가면 어떡해!! 앙앙앙~."

그러자 엄마는 아이의 엉덩이를 두들기며 이렇게 말했답니다.

"울지 마! 아무리 하나님이라도 네 아빠 뜀박질을 당하겠니?"

아무리 믿음이 있어도 죽음은 두려운 법입니다. 실제로 수십 년 교회 생활을 하고도 임종 앞에서는 삶에 집착을 보이는 사람도 있고, 자기 병이 낫지 않으면 하나님을 원망하며 오랜 신앙생활을 다 부정하는 사람도 있습니다. 그래서 구원의 확신을 위해 기독교인들은 이런 질문을 던지기도 합니다.

"구원받으셨습니까? 오늘밤 죽어도 천국에 갈 자신이 있습니까?"

죽음은 추상적인 것이 아니라 실제상황

왜 종교를 불문한 모든 사람들이 내세를 믿고, 모든 종교에서는 이것이 끝이 아니라고 말할까요? 무언가 있는 것이 분명합니다. 어떤 사람들은 '임사 체험'이라고 하는 죽었다 살아난 경험을 말하기도 합니다.

제가 아는 분은 30대 때 몸이 아파서 사경을 헤매다가 꿈에서 하늘로 길게 난 계단을 끝없이 올라갔다고 합니다. 그런데 중간에 초가집이 하나 있고, 거기 돌아가신 친정어머니가 계시더랍니다. 너무 반갑고 좋아서 지친 몸을 쉬어 가는데, 어머니가 한사코 잡으면서 같이 살자고 했습니다. 마음은 너무나 굴뚝같았지만, 두고 온 아이도 있고 아직 할 일이 있어서 가야 한다며 아쉽게 뿌리치고 내려왔다는 겁니다. 그리고 자리에서 일어났고, 60대 후반인 지금까지 잘 지내십니다.

초가집이 진짜 있고 그런 것보다도 이분의 머릿속 생각이 그렇게 나타났겠지요. 확실한 건 그런 꿈을 꿀 정도로 영적 세계가 있다는 것이죠. 그리고 아무도 죽었다 살아나거나 죽음 이후의 세계를 제대로 본 사람은 없다는 사실입니다. 만일 진짜로 보았다면 그들끼리는 이야기가 모두 같아야 할 텐데, 빛을 보았다는 정도 이외에는 특별한 공통점은 없으니 말입니다.

성경에서는 현재의 몸으로 천상에 갈 수도 없으려니와, 가서 보았다 해도 말하는 것은 금기로 되어 있습니다.

윤회와 전생에 대해서도 마찬가지입니다. 가끔 그럴듯한 이야기들이 있지만, 어떤 사람의 전생을 맞히는 것도 아무 의미가 없는 일입니다. 윤회는 반드시 사람으로만 태어나는 것이 아닌데, 전생 체험을 했다는 사람들은 모두 과거의 어떤 시대를 살았다고 합니다. 그것도 노예나 천민이 아니고 대개는 왕자와 공주, 어떤 성의 영주, 기사 등이었다고 하는데요. 외국 영화 시대극에서 본 것들이 주를 이룹니다. 상식적으로 말이 안 되는 것이죠.

제 아버지는 59세에 췌장암과 당뇨 합병증으로 한 달 반 만에 돌아가셨습니다. 너무나 허무한 죽음이었죠. 제 딸이 태어난 다음날이었는데, 아이를 보여드리기라도 하려고 했으나 병원에서 퇴원해 집에 도착하기 30분 전에 돌아가시는 바람에 결국 아이도 못 보여드리고, 저는 새로 태어난 아이도 제대로 못 본 상태에서 며칠간 장례를 치러야 했습니다.

94년이었는데, 그때만 해도 사람들이 아쉽긴 해도 그리 이른 것은 아니라고 했지만 요즘 기준으로는 무척 이른 임종이었을 것입니다. 저는 삼남매 중 공교롭게도 혼자 임종을 지키게 됐고, 돌아가시기 전부터 부어오른 발을 주물러 드리며 제법 오래 곁을 지키기도 했습니다.

돌아가시기 며칠 전쯤에는 저만치에 검은 옷 입은 놈이 있다고 하시기도 했고, 어느 날은 쌀미음 죽 같은 미색 옷을 입은 자가 있다고도 했습니다. 꿈 얘기가 아니라 실시간이었습니다. 아마도 하나님의 천사와 마귀의 졸개인 타락한 천사가 대기했던 것이 아닐까 생각되는데요. 성경에 나오는 천사는 날개가 없고 모두 성인 남자와 구분 안 가는 남자들입니다. 그밖에 모든 천사는 다 신화나 이야기 속에 나오는 허구의 존재들이죠.

마귀들은 믿는 자들도 미혹하고 끝까지 채가려고 애쓴답니다. 물론 하나님이 지키시지만 그들은 마지막까지 포기하지 않습니다. 그래서 소득이 있든 없든 와서 서성이는 것입니다. 이런 것을 생각하면 무섭다는 생각이 듭니다. 하나님 없이 이 세상과 죽음 이후의 세계를 어떻게 살려는지, 믿고 확신하는 저의 입장에서는 불신자의 죽음이라는 것이 너무나 기가 막히는 일입니다.

사람은 죽지 않지만 육신의 죽음을 직시하고 해결책을 찾아야 합니다. 진짜 해결책이 있다면 얼마나 기쁘고 반가운 일이겠습니까!

죽음이라는
인생의 숙제 끝내기

우리는 죽음과 끝장을 봐야 합니다. 이 숙명적인 인생의 숙제를 해결해 놓지 않으면 두 다리를 뻗고 잠을 잘 수가 없는 것입니다. 이것을 해결하려면 먼저 죽음의 진실을 알아야 합니다. 가장 먼저 알아야 할 사실이 있습니다. 바로 '사람은 죽는 존재가 아니라는 사실'입니다.

가만히 생각해보면 '죽으면 끝'이라고 생각하는 것은 앞뒤가 맞지 않는 말입니다. 육신은 일종의 유통기한이 있지만 정신은 쓰고 버리는 물건이 아니지요. 마음은 늙거나 낡아지지 않습니다. 저는 50대인데도 어릴 때 마음과 다름이 없는 것 같더군요. 많은 경험과 지식을 쌓았지만 근본적인 마음은 늘 같은 느낌이고요. 내가 아빠이고 남편이며 사회인이니까, 그리고 중년이니까 이렇게 행동해야 한다고 알고 있는 것과 마음 그 자체는 다른 것이죠.

어르신들도 그러실 거라 예상합니다. 아직도 어떤 때는 어린 시절의 동심이 그대로이고, 때론 젊었을 때의 열정도 생생할 거라 믿습니다. 육신의 기능이 저하됨에 따라 깜빡깜빡하고, 기억력이나 총기가 떨어질 수는 있지만, 어떤 면에서는 생각이 더욱 깊어지기도 할 것입니다.

마음을 칼로 벨 수가 없듯이 아무도 영혼을 죽일 수가 없습니다. 죽는다고 사라지지 않습니다. 수년씩 병상에서 의식을 잃고 누웠던 사람들이 깨어나기도 합니다. 깊은 잠에 빠지면 아무것도 모르는 것 같지만 눈을 뜨면 정신이 다시 돌아옵니다. 사람이 자고 일어나는 것처럼 사람은 죽었다가 부활합니다. 어디서 부활하는지가 문제일 뿐입니다.

기독교의 역사에서 수많은 사람들이 예수님을 믿는다는 이유로 죽어갔습니다. 그들은 왜 소중한 생명을 버릴 수 있었을까요? 예수님을 따라 부활할 것을 믿었기 때문입니다. 로마 황제는 영화 〈벤허〉에 나오는 원형경기장 같은 곳에 굶주린 맹수와 함께 기독교인들을 집어넣기도 하고, 기름을 뿌린 뒤에 화형시켜 거리에 매달기도 했습니다. 가죽을 벗기고, 높은 곳에서 떨어뜨리고, 목을 베기도 했지만 로마 병사들도 그들의 육신밖에는 죽일 수가 없었습니다. 성경은 그런 자들을 두려워하지 말라고 말씀합니다.

몸은 죽여도 혼은 능히 죽이지 못하는 자들을 두려워하지 말고 오직 혼과 몸을 다 능히 지옥에서 멸하시는 분을 두려워하라(마태복음 10장 28절).

「삼국지」를 읽어보셨다면 관우가 죽은 뒤에 자기 죽음을 알지 못한 채 유비를 찾아가는 장면을 기억하실 겁니다. 유비는 아주 먼 곳에 있는 관우가 찾아온 것을 보고 그가 죽었다는 것을 바로 알아차립니다. 영의 존재와 죽은 뒤의 몸에 대해서는 고대 사람들도 알고 있었던 것입니다.

하지만 사람은 구천을 떠돌지 않습니다. 빙의를 믿는 이들도 있지만, 완벽하게 그 사람이 돌아온 경우는 없습니다. 성경에는 천국과 지옥이 나오는데, 모두 실제 장소입니다. 모두가 이 둘 중 한 곳으로만 갑니다. 천국에서 누릴 것들은 막연한 기쁨이 아니라 실제적이고 생생한 새로운 삶입니다. 그리고 지옥에서도 사람은 죽지 않습니다. 성경은 그것을 '둘째 사망'이라고 부릅니다. 육신의 죽음은 누구나 겪는 것인데, 둘째 사망은 하나님을 믿지 않는 자들이 겪어야 하는 영원한 고통이며 진정한 사망입니다.

평소 궁금했던 이야기 - 1

세상은 정말 창조되었을까?

  하나님이 세상을 창조했다고 하는데 그게 정말일까 한 번이라도 생각해 보신 적이 있나요? 그런 적이 없었다면 오늘 곰곰이 생각해 보시기를 바랍니다.
  우리 교회 집사님 한 분은 그런 이야기를 하시더군요. 서울에 무악재 고개가 있는데, 어릴 때 그 고개에 정차했다가 다시 올라가는 자동차를 보고 무언가 깨달았다는 것입니다.

  "저 쇳덩어리로 만든 차가 굴러 내려가야 하는데 다시 올라갈 수 있는 건 무슨 힘일까?"

  뉴턴은 사과가 떨어지는 것을 보면서 만유인력의 법칙을 찾았다는데, 이 집사님은 떨어져야 할 것이 올라가는 것을 보고, 무언가가 작용하지 않고는 차가 언덕을 올라갈 수 없다는 생각을 했던 것입니다. 생각해 보면 세상은 저절로 돌아가는 것 같지만 참으로 이상한 일이 많습니다. 누군가가 개입하지 않고는 이루어질 수 없는 것들이 너무나 많지요.

이 세상 만물이 아무도 손을 대지 않는데 어떻게 이토록 정확하게 돌아갈까요? 씨앗이 바람에 날려 땅에 뿌려지면 그 흙 속에서 나온 새싹이 큰 나무가 되고, 거기서 알록달록한 과일들이 열리는데, 맨땅에서 자란 그 열매는 설탕물보다 더 단 과일이 됩니다. 그 안에는 엄청나게 많은 생명에 대한 정보가 기록돼 있습니다. 사람의 유전자(DNA) 1개에는 생명에 관한 정보가 50억 글자로 작은 도서관의 책들만큼 기록돼 있죠.

이렇게나 과학이 발달했지만, 사람은 아무리 많이 연구하고 애를 써도 생명을 만들지 못하고, 전기가 있어야 겨우 움직이는 기계를 만들 수 있습니다. 그런데 어떻게 자연은 그토록 정교하게 만들어졌을까요? 원래 그렇다고 하지만 아무도 손을 대지 않으면 먼지 한 톨도 움직이게 할 수 없는 것이 자연 법칙이죠.

자연은 시계보다 정확하게 모든 것이 맞물려 계절에 따라 땅의 소출을 냅니다. 이것은 누군가 모든 것을 설계하고 만들었음을 뜻합니다. 세상이 아주 조금씩 진화되어 오늘날에 이르는 것은 불가능합니다. 진화되는 동안은 불완전해서 자손 번식도 불가능하고, 생명으로써의 기능을 할 수가 없기 때문입니다.

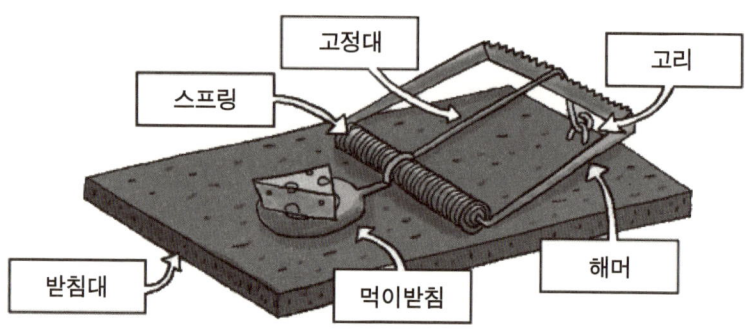

이 쥐덫을 보시면, 유인할 치즈를 놓을 먹이 받침대와 쥐를 꼼짝 못하게 잡을 해머가 힘을 받게 하는 스프링과 그것을 고정하는 도구, 그리고 전체 틀 같은 것이 다 필요합니다. 각각의 역할을 하는 장치들 중 어느 것 하나라도 빠지면 쥐를 잡을 수 없습니다.

아주 하찮게 보이는 박테리아 하나도 쥐덫보다 몇 만 배는 복잡한 구조를 지니고 있습니다. 그것 역시 완전한 형태를 띠고 있지요. 하나의 생물이 그렇게 만들어진 것처럼 온 세상도 하나의 원리로, 한꺼번에 생기지 않으면 의미가 없습니다.

우리 몸의 기관들은 어떤 목적을 위해 만들어졌습니다. 소리가 없다면 귀가 만들어질 이유가 없는 것처럼 말이죠. 이런 신체 기관들처럼 자연 만물도 모두 동시에 생겨야 합니다. 어떤 생물이 나타나도 먹이가 있어야 생명을 이어가고, 짝이 있어야 대를 이어가는 것입니다.

벌은 식물의 70~80%를 수분하고 꽃가루를 묻혀 사방으로 이동시킵니다. 벌이 없으면 인간과 모든 생태계가 큰 타격을 받습니다. 이 녀석들은 어느 방향으로 몇 킬로미터 가면 꽃이 있다고 동료에게 알릴 때 원을 그리고 춤을 추면서 정확히 알려줍니다. 공간과 기능 면에서 가장 견고한 벌집을 만들 때는 서로 다른 세 지점에서 각기 시작하는데 한 치의 오차도 없이 정확하게 만나 벌집을 완성합니다. 건축을 배운 사람도 설계도 없이 주택을 이런 방식으로 지을 수 없죠.

그런 것들을 벌들이 서서히 배우면서 자손에게 전달했을까요? 아닙니다. 모든 생물이 철마다 때마다 자기 할 일을 알고 있듯이 날 때부터 알았던 것입니다. 처음부터 벌에게도 꽃이 있었고 꽃에게도 벌이 있었습니다. 꽃과 벌은 서로에게 꼭 필요한데 어떻게 꽃이 먼저 생겨서 혼자 생명을 유지할까요. 자연의 산물 없이 인간이 살아갈 수 없듯이 그 모든 요소들은 동시에 창조되어야만 합니다.

옛날에는 쌀에서 쌀벌레가 저절로 생기고, 시궁창이 있으면 쥐가 생긴다고들 생각했습니다. 하지만 말이 안 되는 이야기라는 것을 유산균의 아버지 파스퇴르가 고깃국물 실험을 통해 밝혀냈습니다. 공기가 들어가는 입구를 막으면 공기 중에 떠다니는 포자가 들어갈 수 없어서 국물이 전혀 상하지 않는다는 것을 알아낸 것입니다. 그는 "생명은 오직 생명에서만 나온다"라는 당연한 원리를 밝혀냈고, 지금까지 아무도 그 말을 뒤집지 못했습니다.

땅과 온 우주가 어디서 뚝 떨어질 수는 없는 것입니다. 그러니까 누군가는 이것을 만들어야 하는데, 성경은 하나님이 만물을 만드셨다고 합니다. 현대 과학에서 말하는 것들이 성경과 부합하는 것이 많습니다. 성경은 땅이 둥글다는 것도 오래전에 알았고, 20세기에야 알게 된 바람과 번개와 날씨의 원리, 해류의 원리 등도 수천 년 전에 이미 기록했습니다.

눈을 들어 세상 만물을 살펴보세요. 우연히 된 것이 아닌 정교한 설계자의 손길이 느껴질 것입니다.

'창조'에는 '심판'이 따른다?

　창조라는 행위에는 반드시 심판이 따릅니다. 사람은 무언가 완성했을 때 큰 기쁨을 느끼고 뿌듯해합니다. 복잡한 퍼즐을 다 맞췄을 때나 요리를 완성했을 때 기쁨을 느낍니다. 자랑하고 싶고 그 완성품에 애정을 갖게 되지요. 텃밭의 작물이나 화분의 화초를 가꾸면서도 흡족함을 느끼게 됩니다. 요즘은 집안이나 옥상 같은 곳에 화초를 기르는 어르신들도 많으니 그 느낌을 잘 아시리라 믿습니다. 어느새 내 마음이 거기 담겨 점점 더 소중해지지요.

　〈세상에 이런 일이〉 같은 프로그램을 보면 갖가지 그림을 그리는 분도 있고, 재활용품으로 작품을 만들거나, 이쑤시개로 거북선을 만드는 등 놀라운 분들이 많지요. 그분들의 특징이 무엇입니까? 하나같이 그 일에 온갖 열정을 바치고, 시간과 물질을 아끼지 않으면서 완성품에 깊은 애정을 지닌다는 것입니다.

하지만 무언가 만드는 일에는 빠지지 않는 과정이 있습니다. 완성한 뒤에 제대로 만들어졌는지, 생각대로 작동하는지 점검하는 것입니다. 다 타버린 음식을 먹을 수 없듯이, 화면이 나오지 않는 스마트폰을 사용할 수 없듯이 잘못 만든 것은 폐기해야 합니다. 도자기를 만드는 장인은 일반인이 보기에는 멀쩡해 보이는데도 망친 작품들은 가차 없이 깨뜨립니다.

이것이 바로 창조와 심판의 관계입니다. 하나님이 인간을 아무리 사랑하셔도 뜻대로 움직이지 않고 적의 편에 서서 하나님을 받아들이지 않는 사람까지 거둘 수는 없습니다. 그래서 하나님을 거부한 모든 사람은 그분의 심판을 받게 되는 것입니다.

[2부]

기독교란
어떤 종교일까요?

인간의 영혼을 구원할 수 있는
유일무이한 길

세상엔 법 없이도 살 수 있을 만큼
정직하고 선량한 사람도 많아.
나도 역시 경찰서 한 번 가본 적 없을 만큼 나름 착하게,
남에게 피해 안 끼치고 살았는데
교회에서는 왜 모두가 죄인이래?
착하게 산 사람도 예수가 아니면 천국에 못 가는 건가?
물론 사람은 어려서부터 시키지 않아도
욕심 부리고 잘못을 하면서 살긴 하지.
그럼 어떻게 그 모든 것을 넘어 천국에 갈 수 있다는 거야?

모든 인생의
공통된 질문

프랑스 화가 폴 고갱은 타히티 섬으로 가서 그림을 그렸습니다. 그곳에 있을 때 큰딸이 본국에서 병으로 죽었습니다. 인생에 대한 깊은 절망을 느낀 고갱은 이 4미터짜리 작품을 남깁니다.

폴 고갱의 그림 "우리는 어디로부터 왔고, 우리는 누구이며 어디로 가는가?"

이 그림의 제목은 "우리는 어디로부터 왔고, 우리는 누구이며 어디로 가는가?"입니다. 나무에서 열매를 따는 사람은 아담인데, 그림은 오른쪽에서 왼쪽으로 내용이 이어집니다. 아기로 태어나 질고를 겪으며 살다가 노인이 되어 죽음을 맞는데, 왼쪽 위에 있는 것은 타히티 부족들의 신 히나와 자신의 딸 알린입니다.

고갱은 여느 사람과 마찬가지로 존재에 대한 고민을 했던 것입니다. 그의 딸은 전염성 폐렴으로 1897년 1월에 사망했는데, 고갱은 4월에 가서야 편지를 받고 그 사실을 알게 됩니다. 고갱은 이 그림을 완성한 이듬해에 비소를 음독해 자살을 기도했다가 실패했습니다.
인간의 가장 근본적인 질문은 모두 고갱의 질문과 같습니다.

첫째, 우리는 어디로부터 왔는가? 인간은 언제 어떻게 시작됐는가?
둘째, 우리는 누구인가? 인간은 왜 이 땅에 존재하고 살아가는가?
셋째, 어디로 가는가? 사람은 누구나 죽는데, 죽음 뒤에는 무엇이 있는가?

이 세 가지 질문에 쉽게 답할 수 있는 사람은 없습니다. 그래서 모두가 이 문제에 골머리를 앓으며 살아왔습니다. 그러다 보니 사람이 죽음에 대한 두려움 때문에 종교를 만들었다고 하지만, 아무것도 없는 상태에서 종교가 생기거나 누군가 만들 수는 없는 것입니다.

　인류가 아무 불편도 느끼지 않고 짐승처럼 살았다면 종교가 필요하지 않았을 것입니다. 하지만 인간에게는 존재에 대한 의문과 사후세계에 대한 두려움, 궁금증이 본성에 깊이 새겨져 있었습니다. 낙원을 잃고 쫓겨난 그들이지만 본성 깊은 곳에 하나님이라는 존재와, 죄악으로 죽을 수밖에 없게 된 처지에서 무엇이라도 방법을 찾아야 한다는 공포가 남아 있었습니다. 갑자기 해와 달을 섬기지 않습니다. 누군가가 우리를 만들었다는 생각, 그리고 인간에게는 구원이 필요하다는 자각이 깊이 남아 있고, 또 조상으로부터 전해져 왔기 때문입니다.

모두가 예외 없이
죄인인 이유

인간만이 죽음에 대한 두려움을 느낍니다. 어떤 동물도 죽어서 무엇이 될지, 어디로 갈지 걱정하지 않습니다. 사람은 왜 죽음 뒤를 두려워할까요? 단지 더 못 사는 게 억울하거나 죽을 때 고통이 느껴질까 하는 차원이 아니라, 죽어서 험악한 곳에 가지 않을까 두려운 것인데요.

저승사자가 와서 잡아가면 옥황상제가 심판을 하고, 착하게 살았으면 고래 등 같은 기와집에서 떵떵거리고 살지만, 허물과 잘못이 많으면 불교의 「회심곡」 같은 데 나오는 지하 옥에 갇힙니다. 그런데 이건 우리나라 이야기이고, 서양 사람들은 놀이동산에 있는 화려한 왕궁 같은 성에 살거나 박쥐 같은 음산한 짐승들이 득실거리는 지옥으로 간다고 생각을 합니다.

기독교에도 천국과 지옥을 보고 왔다는 사람들이 많지만 이야기는 저마다 다릅니다. 같은 곳을 보고 왔다면 틀릴 리가 없는데도 말이죠. 모두 가짜라는 뜻입니다.

 아무튼 사람이 어떤 형태이든 사후의 세상을 두려워하는 이유는 그것이 손에 잡히지 않는 미지의 세계라서 그런 것도 있지만, 진짜 이유는 '죄' 때문입니다.

 내가 왜 죄인이냐고 반문할 분들도 있을 것이고, 법 없이도 살 사람이라는 소리를 듣는 분들도 있겠지요. 하지만 죄가 없거나 죄를 전혀 안 짓는 사람은 없습니다. 부모님을 한 번도 거역하지 않았거나, 사회 법규를 다 지킨 사람도 없고, 누군가에게 상처를 주지 않은 사람도 없습니다. 또한 타인을 저주하거나 미워하거나, 상상으로 타인을 때리거나 남의 물건이나 그 사람 자체를 탐하거나 누군가가 잘못되기를 바라는 등 생각으로 품는 죄도 있습니다.

 어느 교회에서 목회자가 설교 중에 이렇게 말했답니다. 우리는 모두 죄인이라서, 미워하는 사람이 전혀 없는 사람은 어디에도 없다고요. 그러면서 회중에 물었습니다.

 "지금 아무도 미워하지 않는 분이 계신가요? 그렇다면 손을 들어보십시오. 아마 한 분도 안 계실 겁니다."

그때 저 뒤에서 손을 드는 사람이 있었습니다. 100세의 어르신이었습니다. 목사님이 너무 반가워서 일어나 보시라고 했답니다.

"어르신, 정말 존경스럽습니다. 아니, 어떻게 미워하는 사람이 전혀 없나요? 어떻게 그런 마음을 품으셨는지 듣고 싶습니다."

그러자 그 어르신이 대답합니다.

"응. 여럿 있었는데… 다 죽었어."

조금 오래 살다 보니 미운 사람들이 다 먼저 갔다는 말이었습니다.

미워하던 사람들이 사라질 수는 있어도 내 미움이 완전히 걷히기는 힘들다는 것을 보여주는 유머입니다. 이렇게 사람은 자기도 모르게 주변 사람을 미워하고 시기하고 질투하며, 자세한 사정도 모르면서 뉴스만 보고 저주를 퍼붓기도 하지요. 성경은 이 모든 것을 죄라고 말합니다. 왜냐하면 하나님은 아무 흠도 없는 분이고, 천국은 한 점의 죄악도 용납되지 않는 곳이기 때문입니다.

그런데 마귀인 뱀에게 속아 선악을 알게 하는 나무 열매를 따서 먹는 순간 인간에게는 죄가 임했고, 죄의 바이러스에 아담과 하와(이브)가 오염되어 그 피를 받는 모든 후손들은 죄를 짓지 않을 수 없는 죄인의 몸으로 태어납니다. 그 상태로는 하나님의 영광에 참여할 수가 없습니다.

모든 사람이 죄를 지어 하나님의 영광에 이르지 못하더니(로마서 3장 23절).

한 사람도 하나님 앞에 갈 수가 없게 된 것입니다. 인간은 완전한 절망의 상태입니다. 여러분이 무시무시한 공산국가에서 무슨 잘못을 저질러 지하 수용소에 갇혔다면 어떨까요? 그런데 아무도 구해줄 수 없고, 그곳에 영원히 있어야 한다면 그야말로 절망일 것입니다. 그나마 죽으면 그 고통이 끝나겠지만 믿지 않는 자가 가는 지옥은 그 끝도 없는 영원한 고통입니다. 죄가 한 톨이라도 있으면 지옥에 가야 하는 것입니다.

아담이 죄를 지어서 내가 자동으로 지옥 가는 것이 아닙니다. 하나님은 공평하신 분입니다. 아무런 죄도 짓지 않은 사람을 지옥에 보내지 않으시죠. 하지만 모든 인간은 크든 작든 죄를 짓습니다. 시작은 아담일 수 있지만 아담의 '원죄' 때문이 아니라 '자기 죄' 때문에 지옥에 가는 것입니다.

선행으로는
구원받을 수 없어요

종교가 없는 사람도 세상이 구제불능의 악한 곳이라는 사실을 알고 있습니다. 또한 죽어서 험악한 곳으로 떨어지거나 저주받은 존재로 환생할까 봐 나름의 대책을 세우기도 합니다. 그래서 선행을 합니다. 사람들은 막연하게나마 저축하는 심정으로 착한 일을 하고, 남에게 베푸는 등의 삶을 통해 이른바 업(業)을 쌓아갑니다. 인과응보를 믿기 때문이겠지요.

예전에 그런 이야기가 있었습니다. 동물들이 죽어서 하늘에 갔더니 서슬 퍼런 신하들이 늘어서 있고 심판이 시작됐답니다. 옥황상제가 소를 보고 묻습니다.

"너는 무슨 착한 일을 하였느냐? 거짓을 고한다면 물이 펄펄 끓는 가

마솥에 들어가야 하느니라."

옥황상제가 너무 무서워서 생각이 나질 않자 소는 옆에 있던 기둥에 머리를 박았습니다. 그러자 착한 일 했던 것이 떠올랐습니다.

"음메~ 저는 인간들의 밭도 갈아주고 나중에는 고기도 제공했습니다요."

"그래? 너는 천국으로 가거라."

다음에는 개가 벌벌 떨며 옥황상제 앞에 섰습니다. 개도 생각이 나지 않아서 기둥에 머리를 박았는데, 그래도 생각이 나지 않자 한 번 더 세게 머리를 박았습니다.

"왈왈~ 생각났사옵니다! 저는 인간들의 집을 지켜주고 남은 음식도 처리했사옵니다."

개도 천국으로 갔습니다. 그다음으로는 머리가 안 좋은 수탉이 나섰습니다. 진땀이 났지만 아무 생각도 나지 않자 역시 기둥에 머리를 박았겠지요. 하지만 여전히 생각이 안 났고, 두 번째 머리를 박았지만 어지럽기만 할 뿐 착한 일 한 것이 떠오르지 않았습니다.

"네 이놈! 뭣 하느냐? 어서 고하지 못할까! 끝내 하나도 대지 못한다면 물이 펄펄 끓는 가마솥으로 직행할 것이야!"

수탉은 땀을 뻘뻘 흘리며 눈치를 살피다가 전력질주로 기둥을 향해 돌진해 머리를 박았습니다. 하지만 여전히 머리는 멍하고 아무 착한 일도 떠오르질 않았습니다. 그러자 화가 잔뜩 난 수탉이 자포자기한 듯 신하들을 향해 말합니다.

"야… 물 끓여."

이런 이야기가 있는 것을 보면 누구라도 착하게 살지 않으면 벌을 받는다는 사실을 사람들은 알고 있는 것 같습니다. 물론 짐승이 심판을 받거나 옥황상제가 진짜 있는 건 아니지만요.

하지만 선행으로는 아무것도 이룰 수 없습니다. 범죄자가 사회봉사 명령을 이행한다고 피해자의 분이 풀리는 것은 아닌 것과 마찬가지입니다. 때로는 선행의 기준이 애매할 때도 있습니다. 착한 일이란 그 정의조차 모호합니다. 내게는 선한 것이 상대방에게는 불쾌한 일일 수도 있습니다.

기독교에서는 선행으로 구원에 이를 수 없다고 말씀합니다. 선행은 구원을 받는 조건이 아니라 구원받은 사람이 마땅히 행해야 할 덕목입니다. 사람은 선행과 악행을 반복하는 존재인데 어떻게 그것으로 사람을 판단하겠습니까? 악인도 선행을 하고, 선인도 때론 악행을 합니다.

내가 무심코 던진 돌에 개구리는 창자가 터집니다. 고슴도치는 아무 때나 남을 업어줄 수 없지요. 내 행동은 의도와 관계없이 남에게 해가 될 수 있습니다. 남을 돕는다지만 내가 준 돈 때문에 상처를 받을 수도 있고, 내 돈 가지고 내가 쓰는데도 자괴감을 느낄 사람이 있으며, 나는 배가 부르지만 동시대에 당장 끼니가 없고 방세가 없어서 죽음을 선택하는 사람들이 있습니다. 이 죄를 다 어떻게 갚겠습니까…? 만일 누군가 이런 죄들을 홀가분하게 탕감해 준다면 죽어도 여한이 없을 것입니다. 하지만 우리는 하나님 앞에서 수시로 죄를 짓기 때문에 죄의 완전한 탕감이나 해결은 불가능합니다.

그러면 기독교에서는 무엇을 근거로 천국행을 결정할까요? 만일 하나님이 진정한 창조주이고 사람들을 극진히 사랑하시는 분이라면 무엇을 기준으로 할까요? 이 책을 읽는 어르신들이 부족한 것 없는 왕이라면, 부모의 입장에서 자녀에게 무엇을 가장 바라실까요? 용돈이나 선물? 효도여행 같은 것일까요?

  아니겠지요. 아마도 나를 부모로서 인정해주고 신뢰하며 진심으로 대하길 바랄 것입니다. 그것이 바로 '믿음'입니다. 자신의 목숨을 버려 저와 여러분의 죄를 비롯한 세상 모든 죄의 값을 대신 치르신 예수님을 믿고 그분께 진심으로 나아가는 것, 그것만이 구원의 길인 것입니다.

하나님은 사람을
지옥에 보내시는 분?

그러면 하나님은 사랑 그 자체인 분인데 어떻게 자신이 만든 인간을 지옥에 보낼 수 있느냐고 물으실 수 있습니다. 곳곳에서 이런 문구를 보셨겠지요.

"하나님은 당신을 사랑하십니다."

그런데 사람들이 잘 모르는 것이 하나 있습니다. 지옥은 사람을 벌하기 위해 만드신 장소가 아니라는 사실입니다.

…저주를 받은 자들아, 너희는 내게서 떠나 마귀와 그의 천사들을 위하여 예비된 영존하는 불에 들어가라(마태복음 25장 41절).

이 말씀처럼 지옥의 영존하는 불은 마귀와 그를 좇아 타락한 천사들, 마귀 우두머리와 부정한 영들을 영원히 단죄하기 위해 예비하신 곳입니다. 그런데 이곳에 사람이 가는 이유는, 죄 때문에 천국에 가지 못하기 때문입니다. 다른 장소는 없습니다.

그런데 이곳에 사람이 가는 이유는, 죄 때문에 마귀의 소유물이 되었기 때문입니다. 사람은 아담 이후로 하나님과 단절된 상태로 태어나기 때문에 하나님과의 관계가 회복되지 않으면 마귀의 소유가 될 수밖에 없습니다. 마귀는 간악하고 교활한 자로서 인간을 속인 것입니다. 인간은 그에게 팔려간 신세라서 그의 소유물로서 그를 아비로 두고 있는 것입니다.

> 죄를 범하는 자는 마귀에게 속하나니 마귀는 처음부터 죄를 짓느니라…(요한일서 3장 8절).

이처럼 죄를 씻지 못한 사람은 마귀에 속하게 되므로 그를 위해 예비된 처소인 지옥으로 갈 수밖에 없는 것입니다. 그것이 마귀의 가장 큰 목표입니다. 소유권을 이전하지 않으면 소속이 바뀌지 않습니다. 등기 이전을 하듯이, 호적을 말소하고 다른 사람에게 양자로 입양되듯이 하나님의 자녀로 소속을 바꾸는 것이 바로 구원입니다. 하나님은 값비싼

대가를 치르면서 인간을 도로 사주신 것입니다. 그 대가는 바로 자신의 하나뿐인 아들 하나님인 예수 그리스도입니다. 원래 동등한 하나님이었지만 인간이 되기로 하신 것입니다.

구원은 무르는 것, 없던 일로 돌이킨다는 뜻입니다. 원점으로 되돌려 놓는 것인데, '구속(救贖)'이라고도 합니다. 무르는 것은 영어로 리딤(redeem), 구원자는 리디머(redeemer), 구속은 리뎀션(redemption)입니다. 영화 〈쇼생크 탈출〉의 원래 제목은 〈쇼생크 리뎀션〉입니다. 이것은 단순한 탈옥이 아닙니다.

억울한 누명을 쓰고 오랫동안 옥살이를 하던 은행가 앤디는 교도소의 독방에 커다란 여배우 포스터를 붙여놓고 그 안쪽을 망치로 파서 탈출에 성공합니다. 그런데 그는 감옥을 탈출하면서 완전한 신분세탁을 했습니다. 교도소장이 명령한 불법적 탈세와 횡령을 맡아 회계 관리를 해주면서 철저히 그의 모든 재산을 익명의 새로운 신분의 시민권을 창조해 옮겨놓았고, 탈출 뒤 자신이 그 신분의 주인이 됩니다. 설령 앤디를 아는 사람들에 의해 그가 탈주자로 붙잡힌다 해도 법적으로 그에게 책임을 물을 수 없습니다. 그의 신분은 완전히 새로운 것이기 때문입니다.

구원의 원리를 알려면 하나님의 법칙을 알아야 하는데요. 하나님은 스스로에게조차 매우 공정하고 엄격하신 분입니다. 인간은 약속을 다 지킬 수 없지만 하나님은 모두 지키십니다. 전지전능하신 하나님인데, 간단히 살려서 다시 천국으로 데려오면 되지 않느냐고 생각할 수 있지만, 그것은 공정하지 않은 것입니다. 또한 죄를 완전히 씻지 않으면 하나님과 함께할 수 없습니다.

하나님의 법칙을 깨지 않으면서 한 번 마귀에게로 넘어간 인간을 원점으로 되돌려 놓으려면 대가를 지불해야 했는데, 그것이 바로 '보혈'입니다.

피를 대가로
지불하신 예수님

왜 자꾸 기독교에서는 끔찍하게 피를 말하느냐고 하는 분들도 있습니다. 하지만 그토록 중요하고, 반드시 기억해야 하기에 피를 보면 잊을 수가 없는 것입니다. 피는 '생명' 그 자체입니다. 의사들도 만들지 못하는 피는 전신을 돌면서 생명을 공급하는 역할을 합니다.

성경에서는 피가 있는 것들을 육체로 구분합니다. 그런데 이처럼 생명의 필수 요소인 피는 속죄하는 놀라운 힘이 있습니다.

> 이는 육체의 생명이 피에 있기 때문이니라. 내가 피를 너희에게 주어 제단 위에 뿌려 너희 혼을 위해 속죄하게 하였나니 피가 혼을 위해 속죄하느니라(레위기 17장 11절).

이 말씀은 구약시대에 죄를 덮는 과정을 보여줍니다. 예수 그리스도가 태어나기 전인 구약시대에 죄를 지으면 하나님 앞에 나아가 짐승을 잡아 불에 태워 용서를 받았습니다. 형편에 따라 흠이 없는 양이나 비둘기 등을 제단에 바치기도 했습니다. 바로 짐승의 '희생 제사'입니다. 물론 죄를 회개하는 마음이 있어야 희생 제사도 소용이 있었겠지요.

우리나라도 불교와 도교가 들어오기 전까지는 하늘에 제사하던 풍습이 있던 민족입니다. 고인돌은 제단입니다. 제사장이 죽으면 그 앞에 묻어서 묘지처럼 인식이 되지만 사실은 짐승을 올려놓는 제단이지요.

그런데 왜 굳이 이런 의식이 필요했을까요? 그것은 죄의 '전가'(轉嫁) 원리 때문입니다. '책임전가'라는 말 아시죠? 내 죄를 짐승에게 전가시켜서 내 대신 죄의 대가를 받도록 하는 것입니다. 죄를 지으면 이 짐승처럼 피를 흘리며 죽어서 불 지옥에 간다는 것을 눈으로 보면서 회개하라는 것입니다.

하나님은 죄를 지은 아담과 하와를 에덴동산에서 내쫓으셨습니다. 동산에는 선악을 알게 하는 나무와 영생하게 하는 생명나무가 있었는데, 하필 금기였던 선악과를 따먹은 인간이 죄를 지은 상태에서 생명나무 열매를 따먹고 영생할까 염려하여 그들을 내보내고 생명나무로 가는 길을 막으셨던 것입니다. 그때 하나님은 그들에게 가죽옷을 입히셨습니다. 바로 짐승의 희생이 없이는 부끄러움을 가릴 수 없다는 것을 가르치신 것입니다.

하나님은 그들이 죄를 지었을 때 이미 살아날 방법을 주셨습니다. 나중에 메시아가 와서 모든 죄를 제거하고 모두를 죽음에서 삶으로 건질 것을 말씀하신 것입니다. 그분은 바로 예수 그리스도입니다.

> 내가 너와 여자 사이에 또 네 씨와 그녀의 씨 사이에 적개심을 두리니 그 씨는 네 머리를 상하게 할 것이요, 너는 그의 발꿈치를 상하게 할 것이니라, 하시고 (창세기 3장 15절)

'여자의 씨'는 예수님입니다. 예수님은 남자를 알지 못했던 처녀 마리아에게서 태어났습니다. 물론 그렇게 하신 중요한 이유가 있었습니다. 임신한 어머니의 피는 아기와 전혀 섞이지 않습니다. 아기의 피는 조혈모세포 안에서 생성되기 때문입니다. 사람은 누구나 죄인이지만 예수님이 속죄를 위한 흠 없는 피를 지닌 존재가 되신 과정이었습니다. 예수님은 성령님으로 잉태해 죄 없이 태어났기 때문에 죄를 짓지 않으셨습니다.

처녀 탄생을 믿지 못하는 분들도 많지만 하나님이 생명의 주인이심을 기억하면 간단한 일입니다. 그런 일도 불가능하다면 그분은 세상을 창조하거나 우리의 구원을 책임질 수 없겠죠.

짐승의 피는 임시로밖에는 속죄가 안 되고 영원한 속죄는 사람, 그것도 흠 없는 피로만 가능합니다. 그 원리도 구약성경 레위기 25장에 등장합니다. 노예로 누군가 팔려가면 반드시 친족만이 그것을 무를 수 있었습니다.

하지만 흠 없는 짐승의 정결한 피가 희생 제사에 필요했듯이, 사람의 피도 정결해야만 속죄를 할 수 있는데, 모두가 아담의 피를 받았으므로 그런 사람은 지구상에 없었습니다. 바로 거기에 인간의 절망이 있는 것이죠.

어쩔 수 없이, 인간을 사랑하는 마음으로 하나님 중 한 분인 아들 하나님이 인간이 되신 것입니다. 그리고 십자가에 못박혀 우리 모든 죄의 희생물이 되신 것입니다. 하나님은 사람이 죄를 지었을 때 이미 살아날 방법을 주셨습니다. 나중에 메시아가 와서 희생 제물이 되어 죄를 제거하고 모두를 죽음에서 건질 것을 말씀하신 것입니다. 그분은 바로 예수 그리스도입니다.

하나님이
사람이 되신 이유

십자가 사건은 예수님에게 엄청난 형벌이었습니다. 왜냐하면 제사하는 자가 짐승에게 죄를 전가하듯 인류의 모든 죄가 그분에게 전가되었기 때문입니다. 예수님은 죄가 없으신 분인데 모든 인간의 과거, 현재, 미래의 죄가 십자가 위에서 자신에게 퍼부어졌으니 그 고통이 어땠겠습니까? 누군가 나에게 누명을 씌워 내가 대신 사형을 당한다면 어떨까요? 너무 끔찍한 일입니다. 그런데 예수님은 스스로 다른 모든 이들을 대신해 죄 덩어리가 되고, 저주 그 자체가 되신 것입니다.

> 하나님께서 죄를 알지 못한 그분을 우리를 위하여 죄가 되게 하신 것은 우리가 그분 안에서 하나님의 의가 되게 하려 하심이라
> (고린도후서 5장 21절).

그분이 '죄'가 되시는 순간, 그것을 받아들이는 자는 '의'가 되는 것입니다. 그분이 저주를 받는 순간 우리가 죄의 저주에서 풀려나는 것입니다.

> 그리스도께서 우리를 위해 저주가 되사 율법의 저주에서 우리를 구속하셨으니 기록된 바, 나무에 달리는 모든 자는 저주 받았느니라, 하였느니라(갈라디아서 3장 13절).

그 과정은 하나님의 아들에게도 엄청난 고통이었습니다. 왜냐하면 참 신이면서 이 땅에 오신 33년 동안은 또한 참 인간이었기 때문입니다. 그 때문에 예수님은, 할 수만 있다면 그 진노의 잔을 피하기를 바라셨지만 하나님의 뜻대로 되기를 기도하신 것입니다. 그리고 엄청난 고통에 십자가 위에서 부르짖으셨습니다.

> 아홉 시에 예수님께서 큰 소리로 외쳐 이르시되, 엘리, 엘리, 라마 사박다니? 하시니 이것을 번역하면, 나의 하나님이여, 나의 하나님이여, 어찌하여 나를 버리셨나이까? 라는 말이라(마가복음 15장 34절).

아들을 그 자리에 둘 수밖에 없을 정도로 인간을 사랑하신 하나님의 마음은 또 어땠을까요? 왜 하나님께서는 인간을 구원하는 일에 이런 방법밖에는 쓸 수 없었을까요?

오래전 스위스 알프스 산자락의 한 관광지에는 언덕이 많은 길을 오가는 토박이 버스 기사가 있었습니다.

하루는 그가 여느 때처럼 관광객을 태우고 돌아가는 길에 언덕에서 브레이크가 고장 났다는 것을 알게 되었습니다. 그때 그에게는 두 개의 길, 두 가지의 선택이 있었는데, 한쪽 길로 가면 관광객들 대부분을 살릴 수 있는 경사가 낮은 길이었고, 한쪽은 버스가 곤두박질칠 수 있는 길이었습니다. 당연히 첫째 길로 가야 했지만, 기사는 망설일 수밖에 없었습니다. 그 길에서 놀고 있는 자신의 어린 아들이 보였기 때문입니다!

기사는 아들을 살릴지 관광객을 살릴지 망설이던 순간, 아들이 돌아보면서 아빠와 눈이 마주쳤습니다. 기사는 차마 자기가 책임진 많은 사람들을 죽일 수 없어서 아들이 있는 쪽으로 운전대를 돌립니다. 아빠의 생각을 읽고 체념한 듯한 어린 아들의 눈을 보는 아빠의 마음은 찢어질 듯했습니다.

버스가 충돌 후에 멈춰 서자 사람들은 버스 기사를 비난했지만, 그의 팔에 안긴 채 숨진 꼬마가 기사의 아들이었다는 것을 알고는 모두 숙연해졌습니다.

하나님은 우리 인간을 다 죽일 수 없어서 아들인 예수님을 죽이신 것입니다. 그것은 아들의 순종으로 가능했습니다. 우리는 신의 영역인 하나님과 예수님의 관계를 정확히 알지 못합니다. 하지만 아버지와 아들이라는 관계로 성경은 설명합니다. 사람도 믿으면 하나님의 아들딸이 됩니다. 그러므로 우리가 느끼는 '아버지와 아들'이 하나님과 예수님의 관계이며 하나님과 우리의 관계입니다. 하나님은 공의로운 기준 안에서 대가를 치름으로써 인간이 다시 살 수 있는 길을 마련하신 것입니다. 그것이 십자가의 길입니다.

예수님의 부활과
성도의 부활

　예수님은 십자가에서 모든 피를 흘리시고, "다 이루었다" 하며 숨을 거두셨습니다. 그 죽음이 끝이면 예수님은 패배하신 것입니다. 마귀는 십자가에서 예수님이 죽으실 때 자신이 승리했다고 생각했겠지만 그것이 끝이 아니었습니다. 마귀는 자신의 끝을 아는 존재입니다. 그는 마지막에 불 호수로 갈 자인데, 마지막까지 반전의 기회를 노리며 인간을 속이고 세상을 망쳐온 자입니다. 그는 메시아의 탄생을 막기 위해 갖은 방해를 했습니다.

　하지만 결국 예수님은 예언대로 땅에 태어나셨는데, 십자가 사역이 무산되도록 예수님의 제자 가룟 유다를 이용하는 등 마귀의 훼방이 이어졌지만 예수님은 죽음으로 끝나지 않고 사흘 밤과 낮이 지난 뒤에 살아나심으로써 '부활'의 첫 열매가 되셨습니다. 이는 인간이 그분을 따라 부활할 수 있게 되었음을 뜻합니다.

성도의 부활은 기독교에서 중요한 교리입니다. 다시 살아나지 못한다면 예수님을 믿고 따르는 의미가 없습니다. 이런 이야기들이 낯설고 신기하게 들리겠지만 하나님께는 간단하고 자연스러운 일입니다.

지금 먼저 죽은 구약시대와 신약시대 성도들의 몸은 무덤에 있지만 나중에 예수님이 재림하실 때 모두 일어나 부활할 것입니다. 화장한 사람도 걱정없습니다. 사람은 땅의 흙, 즉 먼지로 만드셨습니다. 그 먼지란 모든 만물의 기본 단위가 되는 원자, 즉 원소를 뜻한다고 볼 수 있습니다. 나무, 물, 사람, 플라스틱, 철, 공기, 음식 등등 모든 것은 그 기본 재료가 원소입니다. 그것들이 어떻게 줄을 서느냐에 따라 특정한 존재가 되는 것이죠. 하나님은 모든 사람의 머리털까지 다 세신 분이라고 했습니다. 우리의 원래 모습 그대로 부활시키실 것입니다.

> 예수님께서 그녀에게 이르시되, 나는 부활이요 생명이니 나를 믿는 자는 죽어도 살겠고 누구든지 살아서 나를 믿는 자는 결코 죽지 아니하리라. 이것을 네가 믿느냐? 하시니 (요한복음 11:24~25절).

> 만일 죽은 자들의 부활이 없으면 그리스도께서 일어나지 아니하셨느니라. (고린도전서 15장 13절)

죄의 색깔과
그것을 덮는 원리

예수님이 우리의 죄 값을 치르시기 위해 십자가에서 흘리신 피의 원리는 죄를 덮는 것입니다. 죄의 색은 시커먼 검정색이 아닙니다. 죄는 붉은 색입니다.

> 주가 말하노라. 이제 오라. 우리가 함께 변론하자. 너희 죄들이 주홍 같을지라도 눈같이 희게 될 것이요, 진홍같이 붉을지라도 양털같이 되리라(이사야 1장 18절).

주홍색 같고 진홍색 같은 죄를 예수님의 붉은 피로 덮으면 붉은 피만 보입니다. 여러분이 지은 죄는 하얀 도화지 위에 어지럽게 뿌려진 붉은 잉크와 같습니다. 큰 덩어리와 작은 덩어리, 더 진한 것과 흐릿한 것도 있을 것입니다. 그러나 모든 것을 피로 덮으면 다 가려집니다. 하나님은 우리 죄를 덮은 예수님의 피만 보시겠다는 것입니다. 그러면 하나님의 눈에는 우리가 처음의 흰 도화지처럼, 흰 양털처럼 되는 것입니다.

"너희가 내가 제시한 선물을 받아들이고 예수를 믿기만 하면 다 용서하겠노라" 하시는 것이죠. 원래 의로운 것은 아니지만 믿음으로 의롭다 칭함을 얻는 것을 '칭의'라고 합니다. 그래서 우리는 육신으로 여전히 죄를 짓는 '위치상 죄인'이지만, '신분상 의인'입니다. 우리 상태는 어지러운 도화지지만 하나님은 붉은색만 보이는 도화지인 것이죠.

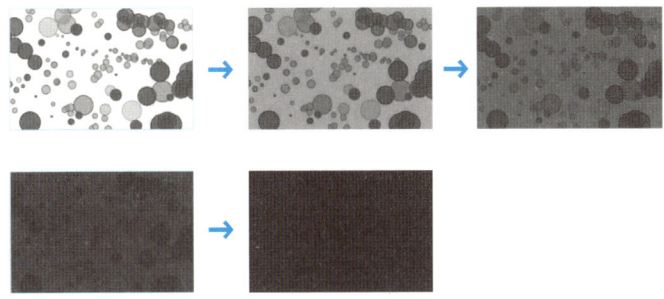

이로써 사람은 신분이 바뀝니다. 마귀의 자식에서 하나님의 자녀로, 맏아들이신 예수님의 형제이자 양자로서 모든 것을 상속받게 되는 것입니다. 그래서 신약성경이 새 상속 유언이고, 구약성경은 옛 상속 유언입니다. 유언은 상속에 관한 것입니다. 그런데 유언은 상속자가 살아 있을 때는 집행하지 않습니다. 상속하는 자가 죽어야 비로소 이루어지는 것입니다.

상속 언약이 있는 곳에는 또한 반드시 상속 언약하는 자의 죽음이 필히 있어야 하나니 상속 언약은 사람들이 죽은 뒤에라야 효력이 있고 상속 언약하는 자가 살아 있는 동안에는 아무 힘이 없느니라(히브리서 9장 16~17절).

하나님과의 인격적인 만남이 필요

그러면 구원과 영생을 얻기 위해서는 무엇이 필요할까요?

가장 먼저 하나님을 알아야 합니다. 하나님이 누구이며, 어떤 존재인지, 나와는 어떤 관계인지 아는 것이 중요합니다.

> 영생은 이것이니 곧 그들이 유일하신 참 하나님인 아버지와 아버지께서 보내신 자 예수 그리스도를 아는 것이니이다(요한복음 17장 3절).

영생이 바로 아는 것입니다. 아무리 좋은 소식도 모르면 소용없습니다. 마트에서 90% 세일을 한다 해도 내가 모르면 아무 소용이 없죠. 정원 미달인 학과가 있어도 내가 몰라서 지원 못하면 입학할 수 없습니다. 모르는 것은 없는 것과 같습니다.

먼저 하나님을 제대로 알아야 합니다. 그런데 여기서 '안다'는 것은 단순히 정보를 알고 있는 것과는 다른 뜻입니다. 제가 미국 대통령이 누군지 자세히 알고 있어도 미국 대통령은 저를 전혀 모르겠지요. 그것은 제대로 아는 것이 아닙니다. 서로 알고 알아보는 것, 단순한 인적 사항이 아니라 깊이 아는 것, 그것이 참된 만남입니다. 기독교에서는 이것을 '하나님과의 인격적인 만남'이라고 합니다. 성경에서는 부부가 잠자리에서 하나가 되는 것도 점잖게 '안다'라고 표현합니다.

그저 알고 지내는 것이 아니라 깊이 사귀는 것을 말합니다. 아버지 하나님을 아는 것도 대충 알고 이해하는 것이 아니라 서로 알아보는 사이가 되는 것을 말합니다. 그 시작은 먼저 성경이 말씀하는 하나님의 마음과 그분의 속성부터 아는 것입니다. 아버지 하나님은 자신의 창조물인 사람을 극진히 사랑하셔서 아들을 내어주신 분입니다. 아들 하나님은 인간을 위해 친히 인간이 되신 놀라운 사랑의 구세주이십니다.

그분을 알면 믿을 수밖에 없습니다. 믿음 이외에 다른 무엇으로도 구원은 못 받습니다. 오직 믿음만이 방법입니다.

> 보라, 위로 높여진 자의 혼은 그의 속에서 곧바르지 아니하나 오직 의인은 자기 믿음으로 살리라(하박국 2장 4절).

> 그런즉 자랑할 것이 어디 있느냐? 있을 수 없느니라. 무슨 법으로냐? 행위의 법으로냐? 아니라, 오직 믿음의 법으로니라(로마서 3장 27절).

지옥에 가는 것도 '믿음' 때문입니다. 구원이라는 엄청난 선물을 공짜로 주신 하나님을 믿지 않는 것, 그 선물이 나를 살릴 수 없다고 믿는 잘못된 믿음이 지옥에 가는 죄입니다.

> 그분께서 오셔서 죄에 대하여, 의에 대하여, 심판에 대하여 세상을 꾸짖으시리라. 죄에 대하여라 함은 그들이 나를 믿지 아니하기 때문이요(요한복음 16장 8~9절).

그것은 하나님을 거짓말쟁이로 만들고 욕되게 하는 일입니다.

> 하나님의 아들을 믿는 자는 자기 안에 이 증언을 가지고 있고 하나님을 믿지 않는 자는 그분을 거짓말하는 자로 만들었나니 이는 하나님께서 자기 아들에 관하여 주신 증언을 그가 믿지 아니하기 때문이라(요한일서 5장 10절).

사람도 신의를 저버릴 때 가장 크게 실망합니다. 친구를 믿고 그 사람에게만 내 비밀을 말했는데 어느새 모두가 다 알고 있을 때 여러분은 그 친구에게 배신감을 느낄 것입니다. 제 친구가 종이로 만든 꽃을 어떤 여성에게 건넸는데, 예쁘다며 고맙다고 했던 그녀가 가고 난 자리에 그 꽃이 나뒹굴고 있더랍니다. 당연히 실망했겠지요. 그런데 누군가 가장 아끼는 것을 줬는데 쓰레기통에 버린다면 어떻겠습니까? 그것은 곧 그 사람을 거절한 것이나 마찬가지일 것입니다.

그러나 그것은 인격적으로 알고 서로 존중하는 사이에서는 있을 수 없는 일입니다. 구원받는 것은 하나님의 자녀로 다시 태어나는 것, 거듭나는 것이라고 합니다. 계속 죄를 짓고 관계가 늘 완전하지 않아도 하나님 안에서 다시 태어나면, 아기가 어머니 태 속으로 다시 갈 수 없듯이 한 번 받은 구원이 그대로 끝까지 지켜집니다.

> 그러므로 그분께서 항상 살아 계셔서 그들을 위해 중보하심을 보건대 그분은 또한 자기를 통하여 하나님께 나아오는 자들을 끝까지 구원하실 수 있느니라(히브리서 7장 25절).

그래서 믿음이 좋은 것입니다. 하나님은 부요하고 넉넉한 부모처럼 부족함이 없는 분이지만 사랑하는 창조물들이 당신을 인정하고 높일 때 가장 기뻐하십니다. 왜냐하면 인간을 통해 영광을 받고, 인간들과 사랑의 소통을 하기 위해 우리를 만드셨기 때문입니다.

평소 궁금했던 이야기 - 2

하나님이 있다면 왜 악인들이 멀쩡한가?

"하나님이 살아 있는데 왜 세상이 이 모양이야?"

기독교를 싫어하는 사람들이 잘 하는 질문이죠. 하나님이 있는데 왜 세상에는 그 많은 범죄자와 악인들이 멀쩡히 살아 있느냐 하는 것입니다. 여기에 대해서는 예수님이 알곡과 가라지 비유로 말씀하셨습니다.

어떤 집의 종들이 주인에게, "곡식들 사이에 잡초 같은 가라지가 무성한데, 뽑아낼까요?" 하고 묻습니다. 하지만 주인은 그대로 두라고 합니다. 가라지를 모으다가 곡식까지 뽑을까 염려했기 때문입니다.

> 둘 다 수확 때까지 같이 자라게 두어라. 수확하는 때에 내가 거두는 자들에게 말하기를, 너희는 먼저 가라지를 함께 모아 불태우게 단으로 묶되 곡식은 모아 내 곳간에 넣으라, 하리라, 하시니라(마태복음 13장 30절).

예수님은 원수 마귀들이 이런 일을 한다고 설명하시면서, 지금 그들을 제거하다가 좋은 사람들까지 다칠 수 있으니 맨 나중에 지옥 불로 심판한다고 하십니다.

악인들도 누군가의 가족이며 사회에 연결돼 있습니다. 어떤 사람에게는 은인일 수도 있습니다. 그 악한 사람이 사라지면 양육비가 없어 굶는 어린아이가 생길 수 있고, 누군가는 그에게 꾸어 준 돈을 못 받을 수도 있겠죠. 그 사람만 쏙 빼다 처벌하기에는 사회가 너무나 복잡합니다. 사회에는 늘 악인이 존재하기 마련인데, 그 사람들을 없애면 다른 이들이 그 자리를 채우거나 더 악한 자가 등장할 수도 있습니다.

한편 악인과 의인은 큰 차이가 아닙니다. 하나님 보시기에는 비슷비슷한 수준입니다. 어쩌면 그 상황에 처했을 때 누구라도 그런 악인이 될지도 모릅니다. 법은 만인에게 평등하다지만, "법은 만 명에게만 평등하다"라는 어떤 정치인의 말처럼 인간 세상에서는 악인을 규정하는 법도 기준도 모호합니다.

그리고 악인이 죽는 것은 하나님의 뜻이 아닙니다.

그들에게 이르기를, 주 하나님이 말하노라. 내가 살아 있음을 두고 맹세하노니 사악한 자가 죽는 것을 내가 기뻐하지 아니하며 오히려 그 사악한 자가 자기 길에서 돌이켜 사는 것을 기뻐하노라. 오 이스라엘의 집아, 너희는 돌이키라. 너희는 너희의 악한 길들에서 돌이키라. 너희가 어찌하여 죽고자 하느냐? 하라(에스겔 33장 11절).

끝까지 기회를 주고자 하시는 것이죠. 하나님은 아무도 멸망하지 않고 회개에 이르기를 바라십니다.

주께서는 자신의 약속에 대해 어떤 사람들이 더디다고 생각하는 것같이 더디지 아니하시며 오직 우리를 향하여 오래 참으사 아무도 멸망하지 아니하고 모두 회개에 이르기를 원하시느니라 (베드로후서 3장 9절).

그들에게도 회개의 기회가 필요합니다. 악을 저지를 때 곧바로 죽어야 했다면, 우리는 사도 바울을 비롯한 많은 위대한 전도자를 만나지 못했을 것이며, 우리 각자도 벌써 세상에서 사라졌을지 모르는 일입니다.

한편 악인도 하나님의 섭리 안에 있습니다. 지금 잘못을 저지르고 있지만 회개하여 하나님의 일꾼이 될 수도 있고, 세상에 도움 되는 사람이 될 수도 있는데, 그를 무작정 제거의 대상이라고 말하는 것은 하나님의 계획을 방해하는 일일 수도 있는 것이죠.

진상고객 하나 없애자고 백화점 문을 닫을 수는 없듯이, 골고루 퍼진 암세포를 제거한다고 몸을 다 죽일 수는 없듯이 지금은 때가 아닙니다. 하나님은 마지막에 그들을 처리하십니다. 그들을 미리 처리하다가 하나님의 자녀들이 다치면 안 되기 때문에 끝까지 회개하지 않는 자들은 성도들을 모두 하늘로 올리신 후에 원수를 갚으실 것입니다. 그러므로 성도라면 악을 줄이는 일, 악한 일 당한 자를 위로하는 일, 그리고 속히 주님이 재림하시는 일에 관심을 가지는 것이 바른 신앙입니다.

교회 안에 나쁜 사람이 왜 그리 많아?

"교회 다니는 사람들이 더 약았더라. 교회에서 그렇게 가르쳤어?"

이런 이야기 하시는 분들이 많습니다. 뉴스만 보면 목회자의 불법이 나오고, 교회의 자산 문제나 비리가 나오기도 합니다. 그래서 부끄럽지만 인정할 수밖에 없는 이야기이기도 합니다. 그런데 다 이유가 있습니다.

조금 이상한 말 같지만, 허물 많은 사람들이 하나님을 더 찾습니다. 스스로 떳떳하고 큰 잘못 안 하고 사는 사람들은 하나님을 필요로 하지 않지요. 그런 분들은 전도하기가 진짜 어렵습니다. 먼저 죄인임을 알아야 구원을 받는데 말이죠. 때가 있어야 목욕탕을 가는데, 자기가 깨끗하다고 느끼니 씻으러 갈 필요가 없는 것이죠. 하지만 그런 사람은 하나님 앞에서 교만한 것이니 어떤 면에서는 더 큰 죄인입니다.

교회는 흠 없는 자들의 근엄한 모임이 아니라 죄인들이 모인 곳입니다. 예수님도 매국노와 죄인들과 창녀들의 친구였습니다. 그들의 죄를 용납한 것이 아니라 그들이 자신들의 죄 때문에 주님을 더 필요로 하는 자들임을 아셨기 때문입니다. 그들은 죄 가운데 있었지만 마음은 더 가난했습니다. 그래서 심령이 가난한 자는 복이 있다고 하신 것입니다.

영이 가난한 자들은 복이 있나니 하늘의 왕국이 그들의 것이기 때문이요(마태복음 5장 3절).

반면에 바리새인들과 율법 박사들은 너무 잘나고 항상 실수 없이 살아서 예수님이 필요 없었고, 그래서 예수님도 그들을 필요로 하지 않으신 것입니다.

또한 뉴스와 르포에 교회로 소개되는 곳 중에 상당히 많은 곳이 실제 건전한 교회가 아니라 유사 기독교이거나 불법적이고 변칙적으로 운영되는 기독교 이단인 경우도 많습니다. 한국에는 기독교 이단이 200만 명 정도 된다는 통계가 있는 만큼, 교회라고 다 같은 교회는 아니라는 것이죠.

  교회가 회개하고 하나님 앞과 사람 앞에서 부끄럽지 않은 사람들이 되도록 더 애쓰고 자성해야 할 일이지만 이런 측면도 일부 있다는 것을 알아두시면 좋겠습니다.

[3부]

왜 성경이
하나님의 말씀일까요?

성경을 제대로 알고 나면
안 믿을 수 없어요

교회 다니는 사람들 맨날 들고 다니는 성경.
그것도 어차피 사람이 쓴 책 아니야?
불교에 불경이 있듯이 종교마다 경전이 있는데
기독교의 경전인 성경은
영화에도 많이 나오고 유명하긴 하지만
서양 사람들이 기독교를 많이 믿기 때문 아닐까?
성경이 하나님의 말씀이라는데
어떻게 사람한테 전달된 거지?
진짜 신의 말씀인 것을 확인할 만한 무언가가 있나?

예수님은
'신화'가 아니라 '역사'

　이 땅에서 단 3년 남짓한 시간 동안 사람들 앞에 내보인 예수님은 하나님의 아들이면서 완전한 인간이었습니다. 어떻게 신이면서 사람일 수 있느냐고 생각할 수 있습니다.

　「왕자와 거지」라는 소설은 똑같이 생긴 왕자와 거지가 옷을 바꿔 입었다가 신분이 뒤바뀌는 이야기인데요. 신분이 아무리 왕자여도 거지 옷을 입고 사람들이 거지라 믿으면 아무리 설명해도 소용이 없습니다. 예수님도 신분이 하나님의 아들이지만 이 땅에 오신 이상 사람의 아들일 수밖에 없었던 것입니다. 그래서 예수님은 자주 자신을 가리켜 사람의 아들, 즉 '인자'라고 부르셨습니다.

　그런데 성경이 허구이고 예수님은 신화라고 생각하는 이들이 있습니다. 예수님은 기적이나 탄생 과정 등이 꾸며진 이야기이고, 실존하지 않는 인물이라는 것인데요. 심지어 교회에 건성으로 다니는 사람들조차 성경을 단지 교훈의 책으로만 알거나, 예수님이 실제로 있었던 인물이 아니라고 생각하기도 합니다.

하지만 예수님은 역사가 인정하는 인물입니다. 1세기에 활동한 저명한 유대인 역사가 요세푸스는 신앙인도 아니었고, 기독교에 우호적인 사람도 아니었지만, 「유대인 고대사」 18권 3장에서 예수님을 당연한 '역사'로 기록했습니다.

당시 예수라는 현자가 있었다. 그는 기사를 행했고 진리를 기쁨으로 받는 사람들의 스승이었다. 그는 많은 유대인과 이방인을 불러 모았다. 예수는 바로 그 '그리스도(메시아)'였다. 빌라도가 우리 유대인 유력 인사들의 요청을 받아들여 예수를 십자가에 못 박아 죽였을 때도 처음부터 그를 사랑한 사람들은 그를 버리지 않았다. 이는 대언자들과 그에 관한 만 가지 기사들이 예고한 대로 그가 사흘 만에 다시 살아나 사람들에게 나타났기 때문이다. 그 뒤로 그의 이름에서 칭호를 얻은 '그리스도인'이라는 집단이 오늘날까지 멸절하지 않고 남아 있다.

그리고 2천 년이 흐른 지금도 전 세계에 수억의 증인들이 예수님의 실존을 믿고, 그분의 재림을 기다리고 있습니다. 재판에서는 한두 명의 증인도 효력을 인정하는데, 예수님의 부활을 목격한 사람은 수백 명이라고 성경이 기록하고 있고, 엄청난 박해와 죽임을 당하면서도 수많은 사람들이 신앙을 지켰습니다. 또한 지금까지도 남아 있는 신앙인들이 예수님의 실존에 대한 증인인 것입니다.

보고 들은 것보다
정확한 성경 기록

성경에서 예수님은 '말씀' 그 자체라고 했습니다. 그 말씀이 육신이 된 것이 예수님입니다. 그래서 기독교에서는 성경이 가장 중요합니다. 기독교에서 말하는 그 모든 것이 성경에 기록돼 있기 때문입니다. 아무리 신기한 일이나 놀라운 현상도 성경보다 중요한 것은 없습니다.

사람의 눈은 정확하지 않습니다. 정확하다고 생각하지만 그렇지 않지요. 같은 장면을 본 목격자들의 진술이 엇갈리기도 하는 이유가 그것입니다. 사람은 다른 이들의 얼굴을 다른 사람으로 기억하기도 하고, 시간과 장소 등을 다르게 기억하면서도 철석같이 믿기도 합니다. 부부간에 다툴 때도 전혀 다른 이야기를 할 때도 있지요.

전달하는 말도 상황과 시간에 따라 달라지기도 합니다. 워낙 다른 이야기를 하니까 분쟁을 대비해 서로 대화를 녹취하는 일도 늘어나고 있습니다. 책이나 영화를 봐도 분명히 기억하고 있다고 생각했지만 다시 보면 조금씩 다른 경우가 있지요. 밤길에 구르던 검은 비닐봉지가 고양이로 보이기도 하는데, 뇌리에는 영영 고양이가 남아 있는 경우도 있습니다.

이처럼 모든 사람의 눈과 귀는 정확하지 않습니다. 그래서 문자가 필요합니다. 하나님이 성경을 주신 이유가 바로 이런 것입니다. 하나님은 인간에게만 언어와 문자를 허락하셨습니다. 이것은 마치 사랑하는 사람에게만 휴대폰을 사주면서 "내가 전화하면 꼭 받아야 돼" 하고 말하는 것과 비슷합니다. 인간은 유일한 언어와 글자의 전달자입니다.

성경에는 죽음이 인류에 닥친 과정, 죽음을 맞게 된 인간이 살 수 있는 방법, 하나님의 성품과 그분의 계획, 하나님의 뜻을 저버리고 불순종한 사람들의 이야기, 메시아에 관한 예언과 단서 등이 담겨 있습니다. 그것이 얼마나 정확한지, 예수님의 제자 베드로는 예수님이 모세와 엘리야와 함께 대화하는 모습을 두 눈으로 보았지만, 그보다 더 확실한 것이 기록되어 내려온 말씀이라고 고백하기도 했습니다.

하나님은 성경을 특별히 선택하신 백성인 유대인들에게 맡기셨습니다. 가장 많은 노벨상을 받은 유대인들의 교육법이나 그들의 우수성은 설명하지 않아도 잘 알려진 사실입니다.

그들은 특유의 철저한 방식으로 성경을 기록하고 또 필사로 양피지에 옮겼습니다. 위조가 불가능하게 공백을 두지 않고 붙여 썼으며, 한 두루마리에서 실수가 하나만 있어도 폐기하고 다시 썼으며, 한 묶음의 책에서 실수가 있으면 고치되 3개가 넘으면 또 폐기했습니다.

모든 문장을 하나씩 소리내어 읽으며 썼고, 하나님을 뜻하는 문자, 영어로 JHWH에 해당하는 히브리어가 나오면 목욕을 하고 와서 썼으며, 함부로 읽지 않고 '주님'을 뜻하는 '아도나이'라고 읽었습니다. 그 네 개의 자음 문자는 어떻게 읽는지도 모르는 하나님의 이름인데, 영어로 가면서 그 문자에 아도나이의 모음을 한 자씩 끼워넣어 제호바(Jehovah)라는 말이 되었고, 그것을 우리말로 소리만 가져온 것이 '여호와'입니다. 사실상 마구 부르면 안 되는 이름이며, '주(主)', '주님', '주 하나님'으로 지칭하면 됩니다. 하나님은 우리의 주인이시기 때문입니다.

아무튼 그들의 철저한 기록 덕분에 성경은 원본과 사본이 있는데 원본은 전혀 남아 있지 않지만 사본들도 똑같은 정확성을 인정받습니다. 예수님조차 성경을 인용하시면서 '기록된 바'라고 하시는데, 그것은 옮거 적은 사본을 동일하게 인정하시는 것입니다.

  물론 모든 사본이 하나님의 말씀인 것은 아닙니다. 유대인 율법 선생들은 여러 가지 검증 과정을 통해 참된 기록을 구분해 구약에서 39권을 추렸고, 예수님 이후 거의 400년이 흐른 뒤에 신약 27권이 교회 지도자들을 통해 선정되었는데, 이 모든 과정에 하나님께서 간섭하셨다고 믿습니다.

  그렇게 보존된 성경이 나중에 하나로 묶이고 오늘날 우리가 보는 66권의 구약(39권)과 신약(27권)으로 정리된 것입니다. 세상에서 가장 많이 팔린 성경은 가는 곳마다 세상에 영향을 미치고 또 사람들을 변화시킵니다. 성경을 읽기 원하신다면 첫 번째 책인 창세기를 읽으시면 좋습니다. 또한 일반인이 금언으로 읽어도 부담이 없는 잠언과 전도서를 보시면 누구에게나 이로운 인생의 지혜와 삶의 원리들이 보입니다. 다윗 왕 등이 기록한 기도문이자 찬송인 시편을 보시면 삶에서 역경을 만나고 외로움을 느낄 때 하나님을 간절히 찾으며 부르짖는 심정이 느껴져 힘과 위로가 될 것입니다. 흔히 신약성경의 첫 책인 마태복음부터 보는 경우도 있지만, 참 사람이면서 참 하나님인 예수님이 누구신지 알기 원하신다면 사도 요한이 쓴 요한복음을 보시면 더 좋습니다.

어떻게 성경을 믿을 수 있지?

성경이 좋은 이야기만 모은 책으로 알고 있는 분들도 있을 것입니다. 하지만 성경에는 경악스러운 범죄와 인간의 간악함, 끔찍한 살인과 타락의 흔적들, 전쟁의 참상과 인간의 야만성, 심판과 재앙 등이 다 등장합니다. 다른 종교의 경전과 다른 점입니다.

성경을 시험삼아 읽어 본 어떤 한학자는 좋은 내용으로 사람을 가르치려는 한학과는 달리 너무나 솔직하다면서 성경이 진짜 인간과 하나님에 관한 기록이라고 말했다 합니다. 성경의 목적은 진실을 전달해 하나님의 영광을 드러내고 인간을 구원하는 것이기 때문에 먼저 사실을 적나라하게 전달합니다. 물론 그 표현은 매우 품위 있고 절제돼 있지만 아주 직접적인 것들이 많습니다.

성경은 모세, 다윗, 마태, 요한, 베드로 등 40명가량의 저자가 하나님의 영감을 받아 기록했습니다. 그렇다고 하나님이 불러준 것을 그대로 옮긴 것은 아닙니다. 그런 부분도 포함돼 있지만, 대개 기록자가 자신의 성정대로 쓴 것입니다. 말하자면 성경의 원 저자는 하나님인데, 저자들은 각기 다른 연필인 셈입니다. 각 책마다 기록자의 색깔과 특징이 드러납니다.

가장 오래된 기록은 욥기 같은 책인데, 4천 년 전, 예수님 탄생 2천 년 전의 기록입니다. 가장 가까운 것은 물론 예수님 이후에 제자들이 기록한 것이며, AD 100년경 기록된 요한계시록이 가장 최근의 책입니다.

우리나라 역사로 치면 예수님 시대는 삼국시대 초기입니다. 4천 년 전은 고조선 건국 때니까 얼마나 오래된 것인지 알 수 있겠지요. 당시 한국사 기록은 우리가 바로 이해할 수가 없는 수준인데 성경은 지금도 여러 신학대학교에서 연구하고 글자 하나까지 대조하면서 그 의미를 나누고 연구해도 끝이 없을 정도로 놀라운 책입니다.

성경은 오묘하게 기록되어서 서로 시간과 사건에 모순이 없고 논리적 결함도 없습니다. 40명이 2천 년 동안 서로 만나지도 않았는데 각각의 기록이 마치 한 저자가 쓴 것처럼 일관성이 있고 연결될 수가 있습니까? 그래서 기독교인들은 성경을 믿지 않을 수가 없습니다. "어떻게 그런 걸 믿을 수 있냐" 했던 사람도 성경의 참맛을 알면, "어떻게 이걸 안 믿을 수 있지?" 하고 생각이 바뀝니다.

오래전 예언
그대로 오신 예수님

성경은 예수님이 에덴동산에서 하나님이 약속한 구세주 메시아라는 것을 드러내고 있는데요. 구약시대에 예언한 그대로 왔다가 죽으시고 장사되었다가 부활하셨습니다.

이스라엘 사람들은 기독교인이 아니라 아직도 유대교인들입니다. 그들은 메시아를 아직도 기다리고 있습니다. 왜냐하면 예수님이 정치적 왕으로 오셔서 로마를 쳐부수고 지도자로 서길 바랐기 때문입니다. 예수님은 하늘로부터 임하는 왕국을 세우시려는 것이었지 정치 지도자가 되려 한 것은 아닌데 오해를 한 것입니다. 유대인들은 세상 끝에 가서야 예수님을 인정하고 회개할 것이라고 성경은 예언하고 있습니다.

구약성경은 300가지가 넘는 메시아 예언을 기록하고 있는데요. 예수님은 그 모든 것에 일치하는 분입니다. 그중 몇 가지를 소개합니다. 지금은 모든 것이 이루어진 상태지만 당시에는 어떤 힌트도 없었다는 것을 먼저 고려해야 합니다. 구세주가 어떤 모습으로 올지 아무도 몰랐던 때에 예수님은 오셨습니다.

성경은 예수님이 하늘에서 뚝 떨어지거나 땅에서 솟아오르며 슈퍼맨처럼 등장하지 않고 아기로 태어날 것을 약 700년 전에 예언했습니다.

> 이는 한 아이가 우리에게 태어났고 한 아들을 우리에게 주셨는데 그의 어깨에는 정권이 놓이고 그의 이름은 놀라우신 이, 계획자, 강하신 하나님, 영존하는 아버지, 평화의 통치자라 할 것이기 때문이라(이사야 9장 6절).

그런데 이 아기에게 정권, 즉 하늘에서 임하는 왕국의 정권이 놓이는데, 그의 이름은 기묘한 지혜자이며, 영존하는 아버지라고 했습니다. 이는 그가 하나님의 본체로서 아버지 하나님과 삼위일체로 하나임을 미리 보여준 것입니다.

다음은 구세주가 태어날 동네를 약 700년 전에 예언한 내용입니다.

> 그러나 너 베들레헴 에브라다야, 네가 유다의 수천 중에서 작을지라도 이스라엘에서 치리자가 될 자가 네게서 내게로 나아오

리니 그의 나아감은 옛적부터 있었으며 영원부터 있었느니라(미가 5장 2절).

예수님을 낳은 마리아는 나사렛 지방 사람이지만 만삭임에도 불구하고 요셉과 함께 호적을 하러 베들레헴에 갔을 때 예수님이 마굿간에서 태어나심으로써 예언을 성취했습니다. 베들레헴은 이름이 같은 스불론 땅의 베들레헴이 있었고, 유다의 베들레헴이 있었습니다. 유다의 베들레헴이 바로 에브라다이기 때문에 성경은 혼동 없이 정확히 두 곳 중 한 지역을 가리키고 있습니다.

예수님은 구세주임을 선포하면서 예루살렘 도시에 들어가시는데, 소박한 나귀를 타고 가십니다. 이 사실이 500년 전에 이미 예언돼 있는데, 이 경우는 예언을 성취하기 위해 일부러 나귀를 타고 가셨습니다.

오 시온의 딸아, 크게 기뻐할지어다. 오 예루살렘의 딸아, 큰 소리로 외칠지어다. 보라, 네 왕이 네게 임하시느니라. 그분은 의로우시고 구원을 소유하시며 겸손하사 나귀를 타시나니 나귀 새끼 곧 어린 수나귀니라(스가랴 9장 9절).

예수님은 로마의 식민지였던 이스라엘에서 태어나셨는데, 당시 예수님의 제자들은 다양한 분파의 여러 계층 사람들이었습니다. 어부도 있었고 로마에 부역하는 세금징수원도 있었습니다. 그중 가룟 사람인 유다는 지식층이었는데, 예수님을 배반하고 그분을 은 서른 개에 총독부로 팔아넘깁니다. 이 내용은 이미 500년 전에 예언되었습니다.

> 내가 그들에게 이르되, 너희가 좋게 여기거든 내 값을 내게 주고 그렇지 아니하거든 그만두라, 하매 이에 그들이 은 서른 개를 달아 내 값으로 삼으니라(스가랴 11장 12절).

가룟 유다는 나중에 이 일을 후회하고 대제사장을 찾아가 자기가 무고한 자를 팔아넘기고 죄를 지었다고 말하지만 그들은 자신들과 상관없는 일이니 네가 감당하라고 합니다. 유다는 은을 성전의 성소에 던져 놓고 나가 목을 매 자살했습니다.

예수님 탄생 천 년 전에 기록된 시편에는 이런 말씀이 있습니다.

> 자기들끼리 내 옷을 나누고 내 겉옷을 놓고 제비를 뽑나이다(시편 22편 18절).

이 구절이 있는 다윗의 시는 십자가형에 관한 절절한 표현들이 묘사돼 있습니다. 그런데 로마 병사들은 예수님이 입었던 옷을 제비 뽑아 나누어 가졌습니다. 이 일을 통해 예언이 또 하나 성취되었습니다.

그러므로 그들이 자기들끼리 이르되, 우리가 그것을 찢지 말고 그것이 누구의 소유가 될지 제비를 뽑자, 하니 이는, 그들이 자기들끼리 내 옷을 나누고 내 겉옷을 놓고 제비를 뽑았나이다, 하고 말씀하시는 성경 기록을 성취하려 함이라. 그러므로 군사들이 이 일들을 행하더라 (요한복음 19장 24절).

예수님 탄생 700년쯤 전에 기록된 이사야서 53장은 많이 알려진 내용입니다. 여기에는 아주 길게 장차 오실 구세주가 어떤 일을 당할지 보여줍니다. 마치 보고 난 일을 적은 것처럼 예수님의 고통과 죽음과 그 이유를 세세히 그리고 있습니다.

…그가 징벌을 받음으로 우리가 화평을 누리고 그가 채찍에 맞음으로 우리가 고침을 받았도다. 우리는 다 양 같아서 길을 잃고 각각 자기 길로 갔거늘 주께서는 우리 모두의 불법을 그에게 담당시키셨도다.

그가 학대를 당하고 고난을 당하였어도 자기 입을 열지 아니하였으며 도살장으로 향하는 어린양같이, 끌려가 털 깎는 자 앞에서 잠잠한 양같이 자기 입을 열지 아니하는도다.

> 그는 많은 사람들의 죄를 담당하며 범죄자들을 위하여 중보하였느니라(이사야 53장 중에서).

지금까지 예수님에 관한 오래전의 예언이 어떻게 성취됐는지 살펴보았습니다. 그밖에도 놀라운 예언이 많은데요. 사람들은 아무 증거나 확신도 없이 자기 생명을 던지지 않습니다. 이 모든 일에 증인과 증거가 있습니다. 예수님을 믿는 것은 하나님의 아들인 그분을 나의 구주와 주님으로 받아들이는 것입니다. 죽을 수밖에 없는 나를 살리시는 분으로, 또한 나의 주인으로 인정하고 마음으로 영접하는 것입니다.

> 보라, 내가 문에 서서 두드리노니 누구든지 내 음성을 듣고 문을 열면 내가 그에게로 들어가 그와 함께 만찬을 먹고 그는 나와 함께 먹으리라(요한계시록 3장 20절).

마음의 문을 활짝 열어 보세요. 믿고 인정하는 것이 구원입니다.

> 네가 만일 네 입으로 주 예수님을 시인하고 하나님께서 그분을 죽은 자들로부터 살리신 것을 네 마음속으로 믿으면 구원을 받으리니 사람이 마음으로 믿어 의에 이르고 입으로 시인하여 구원에 이르느니라(로마서 10장 9~10절).

참 좋은 덕목과 지혜를
가르치는 성경

교회와 목회자들과 기독교인들이 잘못하는 것들도 참 많습니다. 그런데 성경은 그렇게 가르치지 않았습니다. 사람이 다 부족하고 부실해서 하나님 얼굴에 먹칠을 하는 것입니다. 여러분도 어렸을 때나마 교회를 다녀보셨다면, 교회에서나 성경에서 결코 나쁜 것을 가르치지 않는다는 것을 아실 겁니다. 성경에는 세상 사람들도 다 인정하는 진리의 명언들이 많습니다.

몇 가지만 예를 들어볼까요? 사랑에 관한 유명한 구절은 한 번쯤 들어보셨을 것입니다.

> 사랑은 오래 참고 친절하며 사랑은 시기하지 아니하며 사랑은 자기를 자랑하지 아니하며 우쭐대지 아니하며 무례히 행동하지 아니하며 자기 것을 추구하지 아니하며 쉽게 성내지 아니하며

악을 생각하지 아니하며 불법을 기뻐하지 아니하고 진리를 기뻐하며 모든 것을 참으며 모든 것을 믿으며 모든 것을 바라며 모든 것을 견디느니라(고린도전서 13장 4~7절).

항상 자신보다 남을 높이는 겸손의 미덕도 알려줍니다.

어떤 일도 다툼이나 헛된 영광으로 하지 말고 오직 겸손한 생각으로 각각 자기보다 남을 더 낫게 여기며 각 사람이 자기 일들만 돌아보지 말고 각 사람이 남의 일들도 돌아보라(빌립보서 2장 3~4절).

자기를 낮추는 자와 함께 겸손한 영을 갖는 것이 교만한 자와 함께 노략물을 나누는 것보다 나으니라(잠언 16장 19절).

재판을 할 때도 공정하게 할 것을 성경은 여러 번 말씀합니다. 사실 재판이 불공정하다는 것은 누구나 인정할 것입니다. 흉악범이지만 초범이고 반성한다는 점을 들어 터무니없이 가벼운 형을 받거나 대기업 회장들이 다 집행유예나 가석방으로 풀려나는 것을 보셨을 겁니다. 판사가 법대로 하지 않고 그들의 외모, 즉 조건과 배경을 보기 때문입니다. 그래서 '무전유죄, 유전무죄'라는 말이 있는 것 아니겠습니까?

> 너희는 재판할 때에 불의를 행하지 말라. 너는 가난한 자의 외모를 중시하지 말고 강력한 자의 외모를 존중하지 말며 오직 의롭게 네 이웃을 재판할지니라(레위기 19장 15절).

성경에는 부모를 공경하라는 말씀도 참 많습니다. 이스라엘에 주신 십계명에도 부모 공경에 관한 말씀이 나옵니다.

> 자녀들아, 주 안에서 너희 부모에게 순종하라. 이것이 옳으니라. 네 아버지와 어머니를 공경하라. (그것은 약속 있는 첫째 명령이니) 이것이 네가 잘되고 땅에서 장수하게 하려 함이라(에베소서 6장 1~3절).

> 자기 아버지를 폐물로 만들고 자기 어머니를 쫓아내는 자는 수치를 끼치며 치욕을 가져오는 아들이니라. 내 아들아, 지식의 말씀들에서 벗어나 잘못하게 하는 훈계 듣기를 그칠지어다(잠언 19장 26~27절).

삶의 태도에 대해서도 많은 교훈이 있습니다. 구구절절 옳은 말씀들입니다.

> 술 취하지 말라. 거기에는 과도함이 있나니 오직 성령으로 충만

하라(에베소서 5장 18절).

너 게으른 자여, 개미에게 가서 개미의 길들을 깊이 살펴보고 지혜로운 자가 되라(잠언 6장 6절).

더불어 살아가는 이웃을 향해서도 늘 사랑하고 아끼며 최소한의 도리를 다해야 한다는 것을 알려줍니다.

나는 너희에게 이르노니, 너희 원수들을 사랑하며 너희를 저주하는 자들을 축복하고 너희를 미워하는 자들에게 선을 행하며 악의를 품고 너희를 다루며 너희를 핍박하는 자들을 위해 기도하라(마태복음 5장 44절).

기뻐하는 자들과 함께 기뻐하고 슬피 우는 자들과 함께 슬피 울라(로마서 12장 15절).

너는 간음하지 말라, 너는 살인하지 말라, 너는 도둑질하지 말라, 너는 거짓 증언하지 말라, 너는 탐내지 말라, 한 것과 어떤 다른 명령이 있을지라도 그것은, 너는 네 이웃을 네 자신과 같이 사랑하라, 하신 이 말씀 안에 간략하게 들어 있느니라(로마서 13장 9절).

성경은 모든 세대에 유익이 됩니다. 성경이 불편한 이유는 자꾸 지옥 이야기를 하며 믿으라고 강요하기 때문일 텐데, 성경이 양심을 찌르기 때문에 그냥 무시할 수 없어서 찜찜한 것입니다. 하지만 하나님의 말씀은 귀한 교훈이 살아 있습니다. 성경을 직접 읽어보시면 하나님이 참되고 선한 진리의 신임을 알게 될 것입니다.

평소 궁금했던 이야기 - 3

인간은 창조물이라면서, 자유의지는 또 뭐야?

"왜 인간에게 자유를 주고 선악과와 뱀도 보내셨을까?"

이런 생각을 해보셨나요? 이 의문을 풀지 못해 교회를 떠나는 분도 있습니다.

하나님은 인간을 자유의지를 지닌 존재로 만드셨습니다. 창조물이긴 하지만 자기 결정권이 있는 자유로운 상태로 만드셨다는 뜻입니다. 사람은 로봇처럼 시킨 것만 하는 존재가 아니라 스스로 하고 싶은 대로 생각하고 움직일 수 있습니다. 그리고 사람이 무엇을 결정하든 하나님은 존중하십니다.

이것은 어르신들의 자녀들을 생각하면 간단합니다. 자식들을 내 속으로 낳았지만 나이가 들고 자의식이 생기면 자녀들도 자기가 할 일은 스스로 결정할 수 있으며, 인생을 책임지고 살게 됩니다. 부모는 조언과 훈계를 할 수 있지만 결국 맨 마지막 결정은 본인이 하며 자기 선택에 대해 책임을 져야 합니다. 잘못 갈 수 있는 부작용이 있어도 이렇게 하는 이유는 자녀들이 로봇이나 기계가 아니기 때문입니다. 자식 이기는 부모 없다는 말처럼 말이죠.

  하나님도 인간의 길을 막으실 수 있지만, 억지로 가두지 않으십니다. 그것은 인간의 존엄성을 무시하는 처사이기 때문입니다. 그래서 인간은 자유로운 영혼입니다.

  그렇다고 '모든 것'을 할 수 있는 것은 진정한 자유가 아니겠지요. 지킬 것이 전혀 없다면 더 이상 자유가 아닙니다. 슈퍼마켓 주인에게, 이제 슈퍼 안에 있는 것은 무엇이든 먹어도 좋다고 한다면, 어차피 다 내 건데 무슨 소리냐고 할 것입니다.

  그래서 하나님은 인간을 만드시고 동산의 모든 것을 마음껏 허락하시면서 동산 중앙에 있는 생명나무와 선악을 알게 하는 나무를 두고, 선악을 알게 하는 나무 열매는 절대 먹지 말라고 명령하셨습니다.

  모든 풍성한 것 중 딱 하나뿐인 그 나무는 인간을 골탕 먹이기 위해 만드신 것이 아닙니다. 금기사항이 하나 이상은 있어야 자유가 진짜 자유가 되는 것입니다. 그 한 가지조차도 지킬 수 없다면 하나님의 권위를 무시하고 불순종하는 것입니다. 선악을 알게 하는 나무는 근본적으로 창조주인 하나님의 위치와 창조물인 인간의 본분을 깨닫게 해줍니다.

> 선악을 알게 하는 나무에서 나는 것은 먹지 말라. 그 나무에서 나는 것을 먹는 날에 네가 반드시 죽으리라, 하시니라(창세기 2장 17절).

아담과 하와는 뱀의 꾐에 호기심이 생겨서 하나님의 말씀에서 일부를 빼고 자기 생각을 넣습니다.

> 여자가 뱀에게 이르되, 우리가 동산의 나무들의 열매는 먹어도 되나 동산의 한가운데 있는 나무의 열매에 관하여는 하나님께서 이르시되, 너희는 그것을 먹지도 말고 만지지도 말라. 너희가 죽을까 염려하노라, 하셨느니라, 하매(창세기 3장 2~3절).

'먹지 말라'에 '만지지도 말라'를 추가하고, '반드시 죽으리라'를 '죽을까 염려하노라'로 바꾼 것입니다. 그래서 인간은 늘 남의 말을 전하고 뒷말을 하면서 똑같이 전달하지 않고, 하나를 빼고 하나를 추가합니다.

자유는 무엇보다 소중한 것이며, 인격체의 필수 요소입니다. 그래서 범죄를 하면 교도소에 가둬 자유를 억압하는 것이죠. 이런 귀한 자유를 주기 위해 하나님은 모든 것을 허락하신 뒤에 오직 하나의 금기를 만든 것입니다. 사람을 옭아매기 위해서가 아닙니다. 이것은 하나님이 창조하신 또 다른 놀라운 존재인 마귀에게도 마찬가지였습니다.

하나님은 왜 마귀를 만드셨을까?

"마귀가 없었으면 별일 없었을 텐데 왜 마귀를 만드셨나요?"

하나님이 왜 마귀를 만드셔서 일을 복잡하게 했느냐고 묻는 분들이 있습니다. 충분히 가능한 질문입니다. 마귀가 없었으면 아무 일도 없이 행복했을 것 아니냐고 생각할 수 있으니까요.

그런데 사람과 마찬가지로 마귀도 처음에는 존귀한 존재였습니다. 마귀의 이름은 '루시퍼'인데, 중세 때 쓰이던 라틴어 이름입니다. 그 뜻은 '빛을 나르는 자'라는 뜻이며, '계명성', '새벽별' 등으로 번역하기도 하지만 그 뜻이 모호해질 수 있어서 루시퍼라는 이름을 기억해야 합니다.

> 오 아침의 아들 루시퍼야, 네가 어찌 하늘에서 떨어졌는가! 민족들을 약하게 만든 자야, 네가 어찌 끊어져 땅으로 떨어졌는가
> (이사야 14장 12절)!

그는 하나님의 보좌를 나르는 '그룹'이었는데, 그룹은 천사와는 다른 영적 존재입니다. 루시퍼는 아주 아름답고 뛰어난 존재였지만 그는 자기 능력을 과대평가해 하나님을 대적하고 넘어서고자 하다가 땅으로 내쫓긴 자로 인간을 속인 원수입니다.

> 네가 네 마음속으로 이르기를, 내가 하늘로 올라가 내가 하나님의 별들 위로 내 왕좌를 높이리라. 또 내가 북쪽의 옆면들에 있는 회중의 산 위에 앉으리라. 내가 구름들이 있는 높은 곳 위로 올라가 내가 지극히 높으신 이와 같이 되리라, 하였도다(이사야 14장 13~14절).

이 부분을 보면 계속 '내가'라는 말이 나옵니다. 항상 '나'밖에 모르는 것은 교만입니다. 성경은 늘 자신을 낮추고 부인하며 하나님을 높이고 이웃을 나보다 낮게 여기면서 네 몸처럼 사랑하라고 가르치고 있으니까요.

하나님은 전지전능하시고 무소부재하신 분입니다. 모든 것을 알고,

모든 일이 가능하며, 없는 곳이 없다는 뜻입니다. 그런 하나님이 루시퍼의 타락을 몰랐을 리가 없습니다. 그런데도 왜 그를 만드셨을까요?

우리는 하나님의 일을 다 이해할 수 없습니다. 하지만 분명한 것은 그런 존재들을 위해 영광을 받으시기 위해, 그 존재들과 대화하며 기쁨을 누리기 위해 만드셨습니다. 영광을 받는다는 것은 창조자에게 아주 자연스러운 일입니다. 우리도 자녀들이 특별히 잘나지 않았어도 늘 자랑스럽고 뿌듯하며 기쁘지 않습니까? 자식이 성실하고 인품이 좋으면 우쭐할 정도로 남들이 부러워하기도 하죠. 훌륭한 친구도 내 얼굴을 빛내주므로 자랑거리입니다.

하지만 자식이 독립된 인격체이듯이 하나님은 창조물들을 존귀한 독립체로, 꼭두각시가 아닌 자의식과 결정권을 가진 존재로 만드셔야 했던 것입니다. 그런데 루시퍼 마귀는 자신을 과대평가해 스스로의 결정권으로 하나님께 대적할 마음을 먹은 것입니다. 그 결과 온 세상에 죄를 퍼뜨리고는 땅으로 추락했습니다. 그때 천사들 중 3분의 1이 함께 타락해 그를 따라나섰습니다.

마귀는 이후에도 하나님 앞에 가끔씩 서는데, 그가 하는 일이란 인간을 계속 고소해 하나님과 이간질하는 것입니다. 그래서 사람은 하나님이 다 용서하셨다고 하는데도 계속 자괴감을 느끼며 괴로워하고, 구원받고도 다시 지옥에 갈까 무서워하곤 하는 것입니다. 마귀의 고소에 속지 말고 하나님 말씀에 든든히 서 있을 때 평안이 찾아옵니다.

마귀는 광명의 천사로 위장하기도 하면서 달콤한 유혹으로 사람을 꾀어냅니다. 인간의 삶은 마귀와의 승부이며 그 승패에 따라 내세가 결정됩니다. 우리나라 전래동화인 「해님 달님」이나 서양의 동화 「빨간 모자」에도 이런 원리가 녹아 있습니다.

산 속에 홀어머니와 오누이가 살고 있었는데, 어느 밤, 떡을 이고 산길을 가던 엄마를 호랑이가 잡아먹습니다. 호랑이는 오누이도 잡아먹으려고 집으로 찾아가 엄마인 척했지만, 아이들은 눈치를 채고 나무 위로 도망칩니다. 오누이는 하늘에 동아줄을 내려 달라고 빌었고, 하늘에서 두 개의 동아줄이 내려왔는데, 오누이가 잡은 것은 튼튼한 동아줄이라 둘은 하늘로 올라가 동생은 해가, 오빠는 달이 되었습니다. 쫓아가던 호랑이가 잡은 것은 썩은 동아줄이었고, 그것을 타고 올라가다가 그만 떨어져 죽습니다.

빨간 모자도 늑대가 할머니를 잡아먹고는 할머니로 변장해 행세하다가 사냥꾼에게 잡히는 내용이죠.

십자가에서 예수님을 죽인 것처럼 보이는 마귀는 자신이 신처럼 행세하며 온 세상을 속이고 지배하려고 합니다. 하지만 하나님의 아들딸인 성도는 속지 않고 생명을 선택하며, 마귀는 나락으로 떨어지게 됩니다.

우리나라의 <심청전>도 불교를 바탕으로 하고 있지만 이야기의 구조는 기독교의 구원을 보여줍니다. 효녀 심청이 공양미 300석에 팔려가 아버지 눈을 뜨게 하는 것은, 은 30개에 팔려간 예수님이 앞을 보지 못해 천국에 갈 수 없는 인간을 위해 희생하는 것과 비슷합니다. 왕비가 된 심청이 부활해 큰 잔치를 베풀고 아버지와 만나는 것은 왕이신 예수님이 천국 잔치에 신부인 성도를 초대하는 것과 비슷하지요.

<춘향전>도 이몽룡이 거지 행세를 하며 찾아오지만 그는 왕의 명

령을 받은 암행어사로서 탐관오리인 변학도를 심판하고 자기 신부인 춘향을 구출합니다. 사람의 모습으로 오신 예수님을 사람들은 못 알아보고 멸시했지만 죽음을 이기시고 사탄 마귀를 심판하시며 신부인 성도를 구원하시는 예수님의 모습이 연상됩니다.

 세상의 모든 이야기는 선과 악의 싸움 속에서 선한 주인공이 옳은 선택을 통해 구원을 얻는 권선징악의 스토리입니다. 이 책을 읽는 어르신들께서는 삶과 죽음을 가르는 선택에서 반드시 옳은 선택을 하시기 바랍니다.

[4부]

구원의
실전 단계

그러면 어떻게 해야
구원을 받을 수 있을까요?

만일 내가 이 이야기들을 믿는다면
나는 천국에 갈 수 있는 거야?
대학교도 회사도 시험보고 들어가는데
아무리 구원이 공짜라지만
천국은 그냥 가만히 있어도 누가 데려가 주는 건가?
사람들이 열심히 교회를 다니는 것처럼
나도 교회에 다니면서 헌금도 내고
세례를 받아야 할까?
손에 잡히듯이 확실하게 구원을 받으려면 뭘 해야 돼?

진심으로 하나님을 존중하면

앞서서 영생이 하나님을 아는 것이고, 안다는 것은 서로 깊이 긴밀하게 아는 것이라고 했던 것을 기억하시나요? '하나님에 대해서' 아는 것이 아니라 '하나님을' 알아야 하는 것입니다. 하나님과 기독교를 목사들보다 더 많이 아는 종교학 박사라도 하나님을 제대로 아는 것이 아닙니다. 하나님은 그 사람을 안 적이 없기 때문이죠.

그래서 주님의 이름으로 마귀를 내쫓고, "주여, 주여" 하면서 놀라운 일들을 많이 행한 거짓 대언자(선지자)들에게도 예수님은 그들을 알지 못한다고 하십니다.

> 그때에 내가 그들에게 밝히 말하되, 내가 너희를 결코 알지 못하였노라. 불법을 행하는 자들아, 너희는 내게서 떠나라, 하리라
> (마태복음 7장 23절).

반면에 아직 하나님을 속속들이 몰라도 구원받을 수 있고, 구원받은 후에도 당장은 하나님이 어떤 분인지 잘 모를 수가 있습니다. 괜찮습니다. 우선 믿기로 하면 하나님이 이후의 일들을 이끄실 것입니다.

> 나를 보내신 아버지께서 이끌지 아니하시면 아무도 내게 올 수 없으며 내게 오는 그를 마지막 날에 내가 일으키리라(요한복음 6장 44절).

아기도 처음 태어나면 부모를 금방 알아보지 못하고 점점 알아가는 것처럼 처음엔 순수한 믿음만 있으면 됩니다. 부모는 자녀를 다 알면서도 모른 척 넘어가 주기도 하지만 자녀는 죽을 때까지 부모의 마음을 다 헤아릴 수 없는 것과 같이 하나님이 우리를 아시는 만큼 우리는 죽어도 그분을 다 알 수 없는데요. 그래도 괜찮습니다. 자기 믿음 안에서 진심을 다하면 되는 것입니다. 하나님을 '인격적으로' 만난다는 것은 지식의 양이 아니라 진심의 크기입니다. 지식이 부족해도 하나님은 우리의 깊은 속 중심을 보십니다. 가장 인격적인 것은 '존중'입니다. 하나님은 자신을 존중하는 사람을 존중하시는 분입니다.

> …나를 존중히 여기는 자들을 내가 존중히 여기고 나를 멸시하는 자들을 소홀히 여기리라(사무엘상 2장 30절).

'지성이면 감천'과는
다른 기독교

　기독교에는 다른 종교들과 분명하게 다른 점이 있습니다. 다른 종교들은 항상 머리를 조아리고 무언가 계속 바쳐야 합니다. 그리고 도를 닦듯이 더욱 정진해서 스스로 해탈하거나, 신의 경지에 이르기 위해 애를 쓰며 때론 고행도 합니다. 지성이면 감천이라고, 하늘도 감동하게 만들어야 하는 것이죠. 하늘이 노했다, 부정탔다, 이런 말도 합니다.

　기독교는 그렇지 않습니다. 하나님께 가는 길은 한 번에 이루어지고 다시 반복하지 않습니다. 돌이켜 회개하고 마음으로 믿은 뒤에, 주님을 부인하지 않고 입으로 시인하는 순간 우리는 구원을 받고 주님이 우리를 집으로 삼아 살아가십니다.

> 누구든지 사람들 앞에서 나를 부인하면 나도 하늘에 계신 내 아버지 앞에서 그를 부인하리라 (마태복음 10장 33절).

기독교인이 예배하고 헌금을 하고, 열심히 살며 사랑을 실천하는 것은 아직 하나님께 도달하지 못했기 때문이 아닙니다. 은혜에 감사해서, 교회가 더 많은 선한 일과 구원 사역을 할 수 있도록 자발적으로 하는 것입니다. 천국에서 더 큰 상을 받기 위해, 그리고 이웃과 가족을 살리기 위해 좀 더 열심히 뛰는 것이지요.

인품이 훌륭한 백만장자가 물에 빠진 사람을 건져 주었더니 얼마면 되겠느냐며 돈으로 목숨 값을 치르려는 사람은 은혜를 모르는 것입니다. 아쉬울 것 없는 백만장자는 그에게 돈보다는 감사를 받기 원할 것이며, 겸손하게 남은 생을 성실히 살면서 자신도 누군가를 건져내는 사람으로 살기를 바랄 것입니다.

너무 귀한 것은 값을 매길 수 없습니다. 그래서 물이나 공기, 부모님 등은 다 공짜입니다. 사랑과 우정, 친구, 가족도 돈으로 살 수 없습니다. 구원도 값을 매길 수 없어서 무료입니다. 이것은 주는 쪽에서 너무나 기뻐서 얼마든지 나누고 싶은 선물입니다. 전능하신 하나님의 초청을 거절해선 안 됩니다.

> 그들이 이르되, 주 예수 그리스도를 믿으라. 그리하면 네가 구원을 받고 네 집이 받으리라, 하며 (사도행전 16장 31절).

> 성령과 신부가 말씀하시기를, 오라, 하시는도다. 듣는 자도, 오
> 라, 할 것이요, 목마른 자도 올 것이요, 또 누구든지 원하는 자는
> 값없이 생명수를 취하라(요한계시록 22장 17절).

이렇게 구원은 공짜입니다. 그리고 구원 이후 궁극적으로는 아무것도 안 해도 천국에 못 가거나 받은 생명이 사라지는 게 아닙니다. 하나님은 우리 생명을 끝까지 보호하시고 아무도 빼앗아가지 못하도록 감추셨습니다.

> 너희는 죽었고 너희 생명은 그리스도와 함께 하나님 안에 감추
> 어져 있느니라(골로새서 3장 3절).

우리의 옛사람은 죽었고 새로 태어난 것입니다.

> 내가 그들에게 영원한 생명을 주노니 그들이 결코 멸망하지 않
> 을 것이요 또 아무도 내 손에서 그들을 빼앗지 못하리라(요한복음
> 10장 28절).

그러므로 안심해도 됩니다. 하지만 진짜 구원받은 사람이 예배도 안 드리고, 성도들이 모인 공동체인 교회를 위해 아무것도 하지 않을 수

있을까요? 믿음을 갖게 되면 같은 믿음을 소유한 사람들끼리 모이고 싶고, 대화하고 싶고, 서로 받은 은혜와 간증을 나누고 싶어집니다. 왜냐하면 그들은 예수님 안에서 한 몸이기 때문입니다. 그래서 건물에서 모이는 것도 교회지만 진짜 교회는 온 세상에 있는 믿는 사람들을 가리킵니다. 그들은 혈통이나 국적, 민족, 나이, 재산, 직업, 언어에 상관없이 모두 하나입니다.

각 성도들을 '지체'라고 부르는데요. 팔과 다리, 각 장기들이 하는 일이 다 다르지만 무엇 하나라도 없으면 완전체가 되지 않듯이 모두가 완전하신 예수님의 몸을 이루는 지체들인 것입니다.

진심으로
구원받고 싶다면…

그러면 구원을 받으려면 어떻게 해야 할까요? 교회에 나가서 목사님에게 부탁해야 할까요, 아니면 누군가의 도움을 받아야 할까요? 물론 그런 것도 필요할 수 있습니다. 하지만 우선 마음속으로 하나님을 찾고 불러 보시기 바랍니다. 하나님은 어느 곳에 있든지 그분을 찾는 자들에게 응답하신다고 약속하셨습니다.

> 그러나 만일 네가 거기서 주 네 하나님을 찾으면 곧 네 마음을 다하고 네 혼을 다하여 그분을 찾으면 만나리라 (신명기 4장 29절).

문제는 정말 여러분이 찾는 분이 성경이 말씀하는 참 하나님인가 하는 것입니다. 아시다시피 세상에 많은 기독교 이단 종파는 잘못된 하나님을 찾으며 잘못 가르치고 있습니다. 그들이 섬기는 하나님은 사실상 하나님이 아니라 마귀가 가장하고 있는 것이며, 그런 곳의 지도자들도 하나님의 종이 아닙니다. 마귀도 의로운 신인 척하며 사람들을 속인다고 했습니다.

> 그러한 자들은 거짓 사도요 속이는 일꾼이며 자기를 그리스도의 사도로 가장하는 자들이니라. 그것은 결코 놀랄 일이 아니니 사탄도 자기를 빛의 천사로 가장하느니라. 그러므로 그의 사역자들 또한 의의 사역자로 가장한다 하여도 그것은 결코 큰일이 아니니라. 그들의 마지막은 그들의 행위대로 되리라(고린도후서 11장 13절).

종교는 무작정 믿거나 열심히 믿는 것 이전에 대상을 잘 찾아야 합니다. 나를 구원할 참된 신을 찾아야 하니까요. 그래서 내가 믿는 것, 내가 원하는 것보다 '정답'을 찾아가야 합니다.

겨울에 하얗게 눈이 덮인 강이 있습니다. 한 사람은 그것이 살얼음일까 봐 조마조마하며 건넜고, 한 사람은 두꺼운 얼음일 거라 믿고 여유 있게 뛰어갔습니다. 하지만 겁을 낸 사람은 안 빠졌고, 자신 있게 건넌 사람은 빠졌습니다. 왜 그럴까요? 두꺼운 얼음일 거라고 믿은 사람이 건넌 강은 살얼음이었고, 살얼음일까 두려워 한 사람이 건넌 강은 두꺼운 얼음이었던 것입니다. 이처럼 내가 무엇을 믿는지는 중요하지 않습니다. 그 대상이 중요합니다.

한편 하나님을 아는 것이 영생이라 했지만, 알고 믿는 것만으로는 충분하지 않습니다. 무슨 말일까요?

네가 한 하나님이 계시는 줄 믿으니 잘하는도다. 마귀들도 믿고 떠느니라(야고보서 2장 19절).

믿는 것은 일단 잘하는 일입니다. 그런데 마귀들도 하나님을 믿는다고 합니다. 그러나 여기서 믿는다는 것은 하나님의 존재를 잘 알고 있다는 뜻입니다. 그러나 마귀들은 하나님을 대적하고 반역하며 거역했습니다. 하나님의 일을 끝없이 방해하고 하나님이 가장 사랑하시는 인간을 괴롭혀 지옥으로 데려감으로써 하나님의 마음을 아프게 하려고 애씁니다. 그러므로 하나님을 아는 것을 넘어서 그분을 경외하고 순종해야 합니다. 그것이 믿음입니다.

참 기독교를 어떻게 구분할까요? 다음 항목들 중 하나라도 실제가 아니라 신화라고 주장하거나, 그저 영적인 교훈 정도로 주장하는 자들에게 절대 속지 마십시오.

1. 하나님이 온 세상을 한 번에 창조하심
2. 예수님이 죽을 수밖에 없게 된 인간을 위해 이 땅에 인간으로 태어나심
3. 예수님이 하나님의 본체이자 하나님의 아들임
4. 예수님이 인류의 모든 죄를 제거하심
5. 예수님이 영적으로나 추상적으로가 아닌 실제로 죽으시고 장사되신 뒤 죽은 자들 가운데서 살아나 부활하시고, 하늘로 올라가 하나님 오른편에 계심
6. 예수님이 장차 재림하셔서 세상을 심판하심
7. 하나님이 구원받은 자를 영원한 천국으로 인도하심
8. 하나님이 불신자를 영원한 지옥 불로 심판하심
9. 이 모든 것이 하나님의 말씀인 성경에 기록됨.

믿음에 동반되어야 할 '회개'

예수님을 믿게 되면 과거 예수님을 무시하고 살던 나의 삶에 대한 깊은 회한이 밀려오게 됩니다. 전에는 깨닫지 못했던 나의 크고 작은 죄들이 하나하나 생각나고 그것을 하나님 앞에 고백하고 용서를 구하지 않을 수 없게 되지요. 우리는 그것을 회개라고 말합니다.

'회개'라고 하면 사극에서 머리를 풀어헤치고 석고대죄하는 모습이 떠오르시나요? 울며 가슴을 치고 죄를 뉘우치는 과정도 분명 회개의 모습일 수 있습니다. 하지만 사실 회개의 본질은 그런 것이 아닙니다.

'회개'라는 말의 의미는 뉘우치거나 후회하고 반성하는 것이 아니라, 자신의 잘못을 깨닫고 돌이키는 의지와 행동을 말합니다. 회개는 '돌아섬', '돌이킴'입니다. 다시는 전과 같은 삶을 살지 않겠다고 다짐하는 것입니다.

교회를 다녀도 부족한 사람들이 많듯이 사람은 아무리 회개해도 옛 성품 때문에 죄를 짓게 됩니다. 그래서 늘 한계를 느끼고 하나님을 다시 찾게 되는데요. 인간이 구원받았다고 완벽해진다면 자기 스스로 그렇게 된 줄 알고 우쭐하며 교만해질 것입니다. 그래서 그리스도인은, 예전에는 죄를 향해 가는 죄인이었다면 지금은 죄를 등지고 달리는 죄인이라는 말이 있습니다. 우리는 여전히 죄를 짓기 때문에 죄인이지만, 예수님의 공로로 의인이 되었습니다.

구원받고도 짓는 죄는 그때그때 고하고 회개하면 됩니다. 하지만 맨 처음 회개는 '방향 전환'입니다. 세상에서 하늘로, 마귀에서 하나님께로, 좌절에서 기쁨으로, 속박에서 자유로 가는 전환입니다.
회개는 필수적인 것입니다. 그래서 성경은 회개와 믿음을 한 묶음으로 다루기도 합니다.

> 유대인들과 또한 그리스인들에게 하나님을 향한 회개와 우리 주 예수 그리스도를 향한 믿음을 증언하였노라(사도행전 20장 21절).

일상에서 짓는 죄를 회개하는 것과 인생 자체를 돌이키는 구원의 회개는 조금 다릅니다. 예수님은 제자들의 발을 씻기며 섬김의 본을 보여 주셨는데, 처음엔 황송해서 거절하려던 베드로였지만, 그것을 거절하면 너와 네가 함께할 것이 없다는 예수님 말씀에 머리까지 감겨 달라고 합니다.

> 시몬 베드로가 그분께 이르되, 주여, 내 발뿐 아니라 손과 머리도 씻어 주옵소서, 하매(요한복음 13장 9절)

그러자 주님은 베드로에게 이렇게 말씀하십니다.

> 예수님께서 그에게 이르시되, 이미 씻긴 자는 모든 곳이 깨끗하므로 발밖에 씻을 필요가 없느니라…(요한복음 13장10절).

죄에서 의로 돌이키는 것이 회개이며, 회개는 구원에 반드시 필요한 선제조건임을 기억하시기 바랍니다.

믿음을
고백하는 기도

언제까지나 마음으로만 예수님을 믿을 수는 없습니다. 진심으로 예수님을 내 삶의 주인으로 받아들인 사람은 반드시 입술로 믿음의 고백을 하게 되어 있습니다. 누군가를 너무 좋아하는데 마음으로만 담아둘 수 없는 것처럼 말입니다.

하나님을 향해 마음이 열리고 그분을 향한 믿음이 내 안에 있다면 기도로 고백해 보세요. 형식이 갖춰지지 않아도 괜찮습니다. 하나님은 속 중심을 보시는 분이니까요. 기도는 자신의 믿음을 하나님께 고백하는 것입니다. 이 기도에 동의하고, 믿고 싶은 마음이 있다면 하나님이 들으십니다. 자, 이제 기도하는 마음으로 읽어보세요.

"전능하신 하나님, 세상의 창조주이신 하나님, 그리고 하나님의 아들인 예수님을 나의 구주와 주님으로 믿고 영접합니다. 그동안 하나님을 모르고, 또 하나님을 외면하면서 살아왔지만 이제 인생의 답을 찾았습니다. 제가 스스로를 구원할 수 없는 죄인임을 깨달았습니다. 이제 돌이켜 회개하고, 예수님을 믿는 믿음으로 하나님께 갑니다. 주 예수님의 피로, 그 귀중한 피의 공로로 인류의 모든 죄가 제거됨을 믿고, 그 사실을 믿는 저의 죄도 모두 용서받은 줄 믿습니다. 하나님, 감사합니다. 이제 저는 하나님의 자녀가 되었습니다. 저의 삶을 인도해 주시옵소서. 예수님의 이름으로 기도합니다. 아멘."[2]

기도에는 특별한 공식이 없습니다. 하지만 이 내용을 이해하고, 진심으로 믿고 있다면 구원을 받은 것입니다. 물론 구원은 오직 '믿음'으로 받습니다. 누가 대신 베푸는 것도 아닙니다. 꼭 기억하십시오.

기도는 언제든지 드릴 수 있습니다. 찬송도 기도이며, 그때그때 지은 죄의 회개도 기도입니다. 또한 필요한 것을 하나님 뜻 안에서 구할 수도 있습니다. 그러면 우리의 작은 신음에도 귀를 기울이시는 하나님이 응답해 주십니다. 때론 이루어지지 않는 것이 응답일 수도 있겠지요.

---

[2] 기도 후에 하는 '아멘'은 '저도 그렇게 생각합니다'라는 뜻입니다. 다른 사람의 기도나 설교 중 공감되는 내용에 화답하는 말입니다.

외롭고 슬프고 절망할 때, 기도할 수 있는 분이 계신다는 자체가 큰 위로라는 것을 반드시 경험하게 될 것입니다.

교회에 가게 되면 복음서에서 주 예수님이 가르치신 기도인 '주기도문'과 신앙고백인 '사도신경' 등을 함께 하게 됩니다. 주기도문은 우리 삶의 전반적인 어려움을 하나님께 맡기는 것이며, 모든 것이 우리의 뜻보다 하나님의 뜻 안에서 이루어지기를 바라는 기도입니다. 사도신경은 오래전부터 신조로서 외운 신앙고백문입니다.

이후로는 교회생활 중 침례(혹은 세례)를 받는 등 필요한 것들을 하시면 됩니다. 원래 '침례'는 '푹 담근다'는 뜻인데요. 예수님의 피에 일부분이 아니라 온 몸 전체가 푹 잠기고 씻기는 것을 말합니다. 이것은 또한 자기 옛사람의 사망과 동시에 다시 태어나는 것을 표현합니다. 물에 완전히 누우면 마치 죽는 것 같은 느낌이 듭니다. 그때 다시 그를 일으켜주면서 다시 태어나는 과정을 직접 체험하는 것입니다. 세례는 이 과정을 약식으로 하는 것이죠.

원래 침례는 먼저 믿은 그리스도인이 베풀 수 있지만 요즘은 교회마다 목회자들이 있으므로 굳이 다른 사람에게 받을 필요는 없을 것입니다. 천주교의 영향으로 학습하듯이 단체로 문답을 공부해서 외우듯이 대답하고 받는 경우도 있는데, 그것은 바람직하지 않습니다. 각 개인이 자기가 어떻게 구원받았으며, 예수님이 자신에게 어떤 의미인지 간단하게라도 말할 수 있어야만 합니다. 그리고 그것이 진실이어야 하겠지요.

모든 믿는 사람을 직분과 직책에 상관없이 '성도'라고 합니다. 성도는 그리스도인, 또는 크리스천, 기독교인, 기독인이라고 하는데, 다 같은 말입니다. 성도는 하나님 앞에 직접 나아가는 것이며, 모두가 동등한 존재입니다. 교회를 치리하고 목회하는 분들은 그 기능적 권한을 지니는 것입니다. 서로 존중하고 교회를 함께 만들어가는 동역자입니다.

믿음,
그 다음 단계

　예수님을 믿게 되었다면 사람들 앞에서도 시인하고 인정하시기 바랍니다. 누구든지 속에 있는 것은 증거가 될 수 없습니다. 일부러 누군가를 붙잡고 말할 필요는 없지만 자연스럽게 이야기가 나오면 부정하지 않는 것이 진짜 믿음을 가진 사람의 태도이겠지요.

　믿는 즉시 성령 하나님은 여러분을 집으로 삼고 떠나지 않으십니다. 이후로도 우리는 죄를 지을 수 있지만 그럴 때 구원을 잃거나 성령님이 떠나시는 것이 아니라 근심하십니다. 성령 충만은 성령님의 은혜가 마음에 가득해서 흘러넘치는 것입니다. 성령 충만하면 어떤 변화가 일어날까요? 방언이나 신비한 기적… 이런 것이 아닙니다. 성령 충만은 모두 성품의 변화로 아홉 가지의 열매를 거둡니다.

> 그러나 성령의 열매는 사랑과 기쁨과 화평과 오래 참음과 부드러움과 선함과 믿음과 온유와 절제니 이 같은 것을 대적할 법이 없느니라(갈라디아서 5장 22절).

종교적 체험이나 신비한 일보다 이웃을 세워주고 하나님을 높이는 것이 성도의 본분이며 성령님이 바라시는 일입니다. 신앙은 복잡한 것들을 필요로 하지 않습니다. 진리와 복음은 단순한 것이며, 아주 간단한 원리에 의해 구원을 받고 하나님의 자녀가 되는 것입니다.

> 예수님께서 그에게 이르시되, 너는 네 마음을 다하고 혼을 다하고 생각을 다하여 주 네 하나님을 사랑하라. 이것이 첫째가는 큰 명령이요, 둘째 명령은 그것과 같은 것으로써, 너는 네 이웃을 네 자신과 같이 사랑하라, 이니라. 모든 율법과 대언자들의 글이 이 두 명령에 매달려 있느니라, 하시니라(마태복음 22장 37~40절).

경천애인(敬天愛人). 하나님을 경외하고 이웃을 사랑하라… 이 두 가지면 충분한 것이 성도의 삶입니다.

믿고 난 뒤에 교회를 다니면 구원받은 성도들에게 침례나 세례를 베

품니다. 몸을 물에 담그거나 머리에 물을 뿌리면서 예수님의 피로 옛 사람이 죽고 다시 태어난 것을 상징적으로 드러내는 과정입니다. 이런 일을 행한다고 믿지 않는 사람이 구원을 얻는 것도 아니고, 세례를 받지 않는다고 받은 구원이 사라지는 것도 아닙니다. 하지만 이것을 하는 이유는 분명히 있습니다.

세례를 베푸는 사람은 받는 사람에게 믿음에 관해 묻고 세례자는 자신이 예수님을 구주와 주님으로 받아들였음을 간단히 고백하는 것입니다. 이 고백은 여러 증인들 앞에서 합니다. 정 사람이 없다면 세례를 베푸는 사람만이라도 증인이 돼야 하지만, 원칙적으로 모든 일은 두세 사람 이상이 증인이 되어야 합니다. 그렇게 사람들 앞에서 믿음을 고백함으로써 자신이 그리스도인이 되었다고 선포하는 것입니다.

예수님을 믿으면 무엇이 좋을까요?

예수님을 믿고 교회에 다니면 뭐가 좋으냐고 물으실 분들도 계시겠지요. 전도하는 사람들이 하나님 믿고 교회에 다니면 참 좋다고 하는 이야기도 종종 들어 보셨을 겁니다.

우선 교회 다니면 복 받는다는 이야기가 먼저 떠오를 수 있겠네요. 이 말은 사실입니다. 죽어서 천국 가는 길을 찾았는데 얼마나 기쁜 일이며 축복인가요? 이보다 더 큰 복은 없을 겁니다.

하지만 돈을 많이 번다든지, 크게 성공한다는 것은 꼭 맞는 말은 아닙니다. 물론 부모를 공경하고 바르게 열심히 살면 땅에서 장수하고 건강한 삶을 살 수 있습니다. 실제로 그런 분도 많습니다. 그러나 효도하면서 반듯하고 건실하게 살면 세상 사람들도 성공하고 잘 삽니다.

왜냐하면 그런 조건과 축복은 하나님이 세상 모든 사람들에게 주신 하나의 원리이기 때문입니다. 하나님은 교회 다니는 사람들만 먹이시는 것이 아닙니다. 예수님은 무엇을 먹을까 무엇을 입을까 염려하지 말라고 하십니다.

> 공중의 날짐승들을 보라. 그것들은 씨 뿌리지도 아니하고 거두지도 아니하며 곳간에 모아들이지도 아니하되 너희 하늘 아버지께서 그것들을 먹이시나니 너희는 그것들보다 훨씬 더 낫지 아니하냐(마태복음 6장 26절)?

사실 돈이 많다고 행복한 것은 아니라는 것을 어르신들도 잘 아시리라 믿습니다. 돈은 꼭 필요한 것이지만, 돈이 일으키는 문제가 얼마나 많습니까? 돈은 성경에서 맘몬이라는 우상 '재물의 신'으로 나옵니다. 그것과 하나님을 함께 섬길 수 없다고 했습니다. 그래서 성경은 항상 욕심 없이 만족하며, 작은 것에 감사하라고 가르칩니다.

> 돈을 사랑함이 모든 악의 뿌리이니 어떤 자들이 돈을 탐내다가 믿음에서 떠나 잘못하고 많은 고통으로 자기를 찔러 꿰뚫었도다(디모데전서 6장 10절).

> 너희의 행실을 탐욕이 없게 하고 너희가 가진 것들로 만족하라.
> 그분께서 이르시되, 내가 결코 너를 떠나지 아니하고 너를 버리
> 지 아니하리라, 하셨느니라(히브리서 13장 5절).

예수님을 믿는 길은 이 땅에서의 축복만 의미하지 않습니다. 교회 다니면 물질이나 취직, 승진 등의 복을 받는다는 얘기는 사실이 아닙니다. 예수님을 믿을 때 받는 가장 큰 복은 마음의 평안입니다. 학교 다닐 때 숙제를 잘해온 친구들의 얼굴은 밝습니다. 믿는 사람은 인생의 가장 큰 숙제를 해결했으니 두 다리를 쭉 뻗고 잘 수 있습니다.

참된 구원을 받으면 이 땅에서 오래 살고 싶은 마음보다 천국의 소망이 더 커집니다. 그래서 죽음의 공포를 이기고 평안을 얻습니다. 이런 것이 바로 하나님이 주시는 평안입니다. 예수님은 이 땅을 떠나가시기 전에 약속을 주시면서 근심하지 말라고 하셨습니다.

> 너희는 마음에 근심하지 말라. 하나님을 믿고 또한 나를 믿으
> 라. 내 아버지 집에 거할 곳이 많도다. 그렇지 않으면 내가 너희
> 에게 말해 주었으리라. 내가 너희를 위해 처소를 예비하러 가노
> 니 가서 너희를 위해 처소를 예비하면 내가 다시 와서 너희를 내
> 게로 받아들여 내가 있는 곳에, 거기에 너희도 있게 하리라(요한
> 복음 14장 1~3절).

하나님 아버지의 집에 우리가 살 곳이 많으니 염려하지 말라는 말씀입니다. 예수님은 우리에게 차원이 다른 평안을 주신다고 약속하셨습니다.

> 내가 너희에게 평안을 남기노니 곧 나의 평안을 너희에게 주노라. 세상이 주는 것과 달리 내가 너희에게 주노니 너희는 마음에 근심하지도 말고 두려워하지도 말라(요한복음 14장 27절).

요즘 젊은이들은 너무 맛있는 음식을 보면 '저 세상 맛'이라고 하지요. 바로 그런 것처럼 예수님은 사람들이 상상하지 못한 평안을 주십니다. 또한 주님이 주시는 평안은 비단 죽음의 공포에 대한 것만이 아닙니다. 모든 삶에서 기쁨과 즐거움과 소망이 있습니다. 힘들 때 말씀이 곁에서 용기를 주고, 외로울 때 주님이 친구가 되시고 위로를 주십니다. 의지할 곳 없는 세상에서 진정한 행복을 맛보게 될 것입니다.

평소 궁금했던 이야기 – 4

믿으면 되지, 교회를 꼭 다녀야 하나?

"나는 낯을 가려서 교회는 가기가 좀 그래."

"헌금도 내야 하고, 불편한데…."

"하나님은 좋은데 목사는 싫더라고."

"하나님 믿고 착하게 살면 되지, 꼭 교회에 가야 되나?"

이렇게 말하는 분들이 있습니다. 이런 분들처럼 교회를 꼭 다녀야 하느냐고 생각할 수도 있습니다. 이것저것 신경 쓰기 싫고 교회들의 행태가 마음에 안 든다고 하는 분들도 많은 것이 사실이죠. 교회를 다니다가 안 다니는 사람들을 '가나안 교인'이라고 하는데요. 성경에 나오는 젖과 꿀이 흐르는 비옥한 땅 '가나안 땅'을 이르는 말이 아니라 '안나가'를 거꾸로 해서 '가나안'이라고 부르는 것입니다. 그러면 교회에 안

가도 그냥 믿기만 하면 안 되는 것일까요?

　예수 그리스도를 믿어 정말로 구원을 받았다면 교회에 안 나가도 됩니다. 이것은 부정할 수 없는 사실입니다. 구원은 즉시 이루어지고, 죽을 때 결정되는 것이 아니기 때문이죠.

　하지만 정말로 구원받은 사람이 교회가 무작정 싫고 세상 속에서만 살고 싶을까요? 그럴 수는 없습니다. 가나안 교인들도 일시적으로 멈춘 것이고, 교회를 너무나 가고 싶은데 갈 곳이 없어서 망설이는 분들이 대부분입니다. 그것이 정상입니다.

　일주일 동안 생활을 하고 주일에는 교회로 가서 형제자매들과 믿음의 교제를 나누며 함께 하나님을 찬양하며 하루를 기쁨으로 보내는 것이 좋습니다. 일을 하는 분들은 주님 안에서 안식하는 쉼의 날이기도 합니다. 주일을 안 지키면 찜찜하고, 하나님으로부터 어떤 불이익이 온다는 두려움에서가 아니라 자발적으로 참여할 때 복이 될 것입니다.

　구원받은 사람의 특징이 무엇일까요? 말씀을 사모하고 세상적인 것이 점점 싫어져서 교회에 가서 하나님을 섬기는 사람들을 만나 교제하고 싶게 되는 것입니다. 그리고 구원 이후의 거룩하고 아름다운 삶을 위해, 그리고 아직도 육신에 남은 욕심을 떨치기 위해 애쓰고 노력하는 것입니다.

　예수님의 지체가 된 이후에는 그분의 몸인 교회, 즉 믿는 사람들과도 한 몸이기 때문에 분리를 원할 수 없는 것이지요. 세상이 좋아서 끊임없이 거기 머물고 싶다면 정말 구원받은 게 아니랍니다. 교회도 죄 많은 사람들이 모인 곳이라 완벽할 수 없지만 바른 교회를 찾아 함께 하나님을 섬기는 것이 옳은 것입니다.

　교회를 꼭 선택해 출석하시되 반드시 조심해야 할 것은 이단 교회로 가지 않는 것입니다. 기독교처럼 보이지만 이상한 곳이 참 많습니다. 특히 흔히 '신천지'라고 불리는 '신천지예수교증거장막성전'은 무료로 성경을 가르치는 등 사람을 포섭하는 요령이 대단하고, 자신들의 정체를 감추기 때문에 조심하셔야 합니다. 정상적인 교회는 절대 장기 합숙 성경공부 등 강제적인 집단생활을 하지 않습니다.
　어머니 하나님을 가르치는 '하나님의교회', 안상홍증인회라는 곳도 멀쩡한 교회처럼 보이지만 이단입니다. 이른바 '양심적 병역 거부' 뉴스에 자주 나오는 곳으로 왕국회관이라는 공간에서 모이는 '여호와의 증인', 몰몬교라고 부르는 '후기(말일)성도예수그리스도교회', 안식교라고 하는 '제칠일안식일예수재림교회', 문선명과 부인 한학자가 참부모로 불리는 통일교 등도 이단입니다.

그리고 천주교로도 가시면 안 됩니다. 같은 하나님을 섬기고 성경도 같지만 그들은 정경으로 채택되지 않은 외경이라는 것을 함께 보고 있으며, 사실상 교회와 교황을 섬기는 행위의 종교입니다. 예수님을 낳은 마리아를 하늘의 여왕으로 섬기기도 합니다. 천주교에서는 각종 성례를 통해 구원도 받는다지만 참된 구원은 어떤 예식이 필요 없는 것입니다. 너무나 많은 문제가 있어서 종교개혁을 통해 개신교가 나왔을 정도로 본래 모습의 기독교와는 많이 다른 것이 로마 가톨릭 천주교입니다.

부디 바른 선택을 하셔서 좋은 교회를 선택하시길 바랍니다. 정 어려우면 주변의 신실한 교인들에게 도움을 구하시거나 조언을 얻으시기 바랍니다.

마치는 글

어서 돌아오십시오!
애타게 찾으시는 주님의 품으로…

자, 이제 모든 이야기를 마칩니다. 하나님을 안다는 것, 예수님을 믿는다는 것이 무엇인지 조금은 아시게 되었으리라 생각합니다. 여기까지 읽어주셔서 정말 감사드립니다.

끝으로 드리고 싶은 말씀은, 우리가 죽음을 두려워하지만 죽음은 어떤 면에서 다행이고, 소망이라는 사실입니다. 인간이 부패한 땅에서 영원히 사는 것은 큰 고통이기 때문입니다. 그래서 하나님은 우리가 죽은 뒤에 완전한 몸으로 만들어 영원히 사는 참 행복의 길을 열어두셨습니다. 그것을 선택하고 믿음으로 나아가기만 하면 됩니다.

하나님의 말씀은 살아 있고 운동력이 있다고 했습니다. 이제 제가 할 일은 여기까지이고, 여러 어르신들 귀에 들린 말씀이 마음속에서 반드

시 귀한 역사를 일으키리라 믿습니다. 하나님은 말씀을 통해 여러분을 부르고 기다리십니다. 이제 다음 말씀들을 기억하시고 마음에 새기기를 바랍니다.

부디 굳은 마음을 부드럽게 열고 겸손히 하나님을 향해 나아가시기 바랍니다.

> 만일 우리가 우리의 죄들을 자백하면 그분께서는 신실하시고 의로우사 우리의 죄들을 용서하시며 모든 불의에서 우리를 깨끗하게 하시느니라(요한일서 1장 9절).

인생의 무거운 짐을 내려놓고 진정한 안식과 평안을 누리시기 바랍니다.

> 수고하고 무거운 짐 진 모든 자들아, 너희는 내게로 오라. 내가
> 너희에게 안식을 주리라(마태복음 11장 28절).

사람의 인생은 오직 한 번뿐이며, 그 뒤에는 심판이 있음을 기억해야 합니다.

> 한 번 죽는 것은 사람들에게 정해진 것이요 이것 뒤에는 심판이
> 있나니(히브리서 9장 27절).

하지만 믿는 사람은 죄의 심판을 받지 않습니다. 자기 행동에 대해 상을 받는 사람과 받지 못하는 사람이 있을 뿐입니다. 그러니 반드시 믿으셔야 합니다. 이 말씀을 꼭 기억하세요.

> 네가 만일 네 입으로 주 예수님을 시인하고 하나님께서 그분을 죽은 자들로부터 살리신 것을 네 마음속으로 믿으면 구원을 받으리니 사람이 마음으로 믿어 의에 이르고 입으로 시인하여 구원에 이르느니라(로마서 10장 9~10절).

여러분은 너무나 귀한 존재이며, 한 사람 한 사람 하나님이 극진히 사랑하시는 영혼입니다. 사람은 물건도 짐승도 아닙니다. 무엇보다도 귀중하게 만들어진 존재라서 온 천하보다도 한 사람이 귀하다고 하나님은 말씀하십니다.

큰 건물과 다리가 무너지고, 비행기와 배에서 큰 사고가 나도 전 국민이 건물과 다리와 비행기와 배보다 그 속에서 단 하나의 생명이 더 살아나는지 온 마음을 다해 지켜보지 않습니까? 한 사람이 실종되면 수만 명의 군인과 경찰을 동원해 샅샅이 찾는데, 그런 일에 혈세를 낭비한다고 욕하는 사람이 거의 없고, 모두 한마음으로 무사귀환을 응원합니다.

왜 그렇겠습니까? 귀하기 때문입니다. 사람은 소중하고 특별한 존재라서 하나님도 한 사람이라도 더 돌아와 품에 안기기를 기다리시는 것입니다.

주님은 목자가 잃은 양을 찾아 헤매듯이 여러분 한 사람 한 사람을 부르시고 애타게 기다리십니다. 언젠가 교회 앞을 지날 때, 혹은 어린 시절 어느 날 찾았던 교회에서 들었을지 모를 찬송가 가사 한 편과 함께 글을 마칠까 합니다. 이것이 어르신들을 부르는 하나님의 간절한 마지막 부르심이라 여기고 속히 나아오시기를 바랍니다. 주님께서 사랑의 손길로 천하보다 귀한 당신을 꼭 안아주실 것입니다.

예수가 우리를 부르는 소리 그 음성 부드러워

문 앞에 나와서 사면을 보며 우리를 기다리네

오라 오라 방황치 말고 오라

죄 있는 자들아 이리로 오라 주 예수 앞에 오라

간절히 오라고 부르실 때에 우리는 지체하랴

주님의 은혜를 왜 아니 받고 못들은 체 하려나

오라 오라 방황치 말고 오라

죄 있는 자들아 이리로 오라 주 예수 앞에 오라

세월이 살같이 빠르게 지나 쾌락이 끝이 나고

사망의 그늘이 너와 내 앞에 둘리며 가리우네

오라 오라 방황치 말고 오라

죄 있는 자들아 이리로 오라 주 예수 앞에 오라

우리를 위하여 예비해 두신 영원한 집이 있어

죄 많은 세상을 떠나게 될 때 영접해 주시겠네

오라 오라 방황치 말고 오라

죄 있는 자들아 이리로 오라 주 예수 앞에 오라

예수님의 천국 초대장

초판 1쇄 발행 2022년 5월 10일

지은이 | 김재욱
펴낸이 | 김윤정

편집 | 오아영
마케팅 | 김지수
디자인 | hj_K

펴낸곳 | 하온
출판등록 | 2021년 1월 26일(제2021-000050호)
주소 | 서울시 종로구 삼봉로 81, 두산위브파빌리온 442호
전화 | 02-739-8950
팩스 | 02-739-8951
메일 | ondopubl@naver.com
인스타그램 | @ondopubl

ⓒ김재욱, 2022
ISBN 979-11-92005-17-1(03230)

- 이 책 내용의 일부 또는 전부를 재사용하려면
  반드시 저작권자와 글의온도의 동의를 얻어야 합니다.
- 잘못된 책은 구입하신 서점에서 교환해드립니다.